dtv

Radfahren ist mehr als stumpfsinnige Pedaltreterei, meint der Autor, nämlich – unter anderem – Tanz, geistig-seelische Entschlackung, Schmerzgenuss, Präludium (und Freibrief) für jede Art Bacchanal, mitunter auch erotisches Vorspiel, jedenfalls nicht nur eine Tätigkeit der Muskeln, sondern nicht minder des Kopfes. Seine Analyse beruht auf jahrelangem Selbstversuch und erstreckt sich thematisch von Aristoteles bis Armstrong (Lance), von Wiegetritt bis Wagner (Richard). Der Verfasser unterlässt es keineswegs, darauf hinzuweisen, dass wie allen Passionen auch dieser neben ihrer emi- und permanenten Glücksversprechenseinlösung ein gewisses Maß an Bescheuertheit eignet.

Michael Klonovsky, geboren 1962, lebt in München, arbeitet als Chef v. Dienst bei ›Focus‹ und fährt beileibe nicht so oft Rad, dass er nicht nebenher noch das eine oder andere Buch schreiben könnte, zum Beispiel die Romane ›Land der Wunder‹ (Zürich 2005) und ›Der Ramses-Code‹ (Berlin 2001).

Kleine Philosophie der Passionen

Radfahren

Von Michael Klonovsky

Deutscher Taschenbuch Verlag

Originalausgabe
April 2006
3. Auflage Januar 2007
Deutscher Taschenbuch Verlag GmbH & Co. KG,
München
www.dtv.de

Umschlagkonzept: Balk & Brumshagen
Umschlagfoto: Gebhard Weißenhorn
Gesamtherstellung: Druckerei C. H. Beck, Nördlingen
Gedruckt auf säurefreiem, chlorfrei gebleichtem Papier
Printed in Germany
ISBN-13: 978-3-423-34289-6
ISBN-10: 3-423-34289-7

Inhalt

Für Sarah,
couragierte Bezwingerin der Serpentinen
am Kloster Schäftlarn und beste aller Töchter

Vorbemerkung

Radfahren ist ebenso sehr eine Beschäftigung des Kopfes wie der Beine. Dieses Buch soll deshalb einen gewissen Beitrag zur Feuilletonisierung des Radsports oder auch zur Verradsportlichung des Feuilletons leisten, was von einer Passionsphilosophie zu erwarten ja wohl das Mindeste ist. Zwar will der Autor die Pedaltreterei keineswegs zum Intellektuellensport aufblasen – so etwas gibt es nicht mal theoretisch, und empirisch spricht fast alles dagegen –, aber wer bereits mit dem ersten Satz nichts anfangen kann, sollte dieses Buch allenfalls zum Verschenken erwerben. Wer ferner dem veritablen Dachschaden einer so genannten Passion nicht ohne Ironie zu begegnen vermag, sei ebenfalls besser präventiv vom Leserkreis ausgeschlossen. Beziehungsweise »stehle weinend sich aus diesem Bund« (Schiller).

Einleitung oder: Serpentinen-Libido

Wo es um Passion geht, gilt es gemeinhin als erlaubt, sein Herz auf der Zunge zu tragen. Ich beginne deshalb mit der auch für mich immer wieder etwas absonderlich wirkenden Feststellung, dass der Anblick einer bergauf führenden (möglichst spärlich befahrenen, sonnenbeschienenen) Serpentinenstraße in mir Gefühle von ähnlicher Intensität auslöst wie der Anblick einer schönen Frau. Genauer: einer sich räkelnden und kurvig oder auch kurvenbetont dahingegossenen Frau. Sozusagen einer Frau mit zehnprozentiger Steigung. Ich drehe mich gewissermaßen nach Serpentinen um. Manchmal übrigens buchstäblich, etwa im Auto. Ich starre aus dem Rückfenster, überschlage Länge und Steigungsgrad und frage mich, warum um alles in der Welt ich mir das nun wieder entgehen und fremde Kräfte statt der eigenen walten lasse. Ich schmachte sie sehnsüchtig an, wenn ich beispielsweise einen Tour-de-France-Bildband durchblättere. Serpentinenstraßen sind so schön, wie sie sich durch die Berglandschaft schlängeln. Anmutig weisen sie den Weg hinauf. Folge mir, spricht die Serpentine, deshalb bin ich da. Sieh, wie vergleichsweise sanft ich mich emporwinde, einen eigentlich auf Rädern nicht zu bewältigenden Anstieg in fahrbare Abschnitte zerlegend. In fließender Regelmäßigkeit schieben und winden sich die Kurven übereinander. Der Asphalt bildet einen einladenden Kontrast zur Schroffheit der Felsflanken, zumindest wenn man vom Rennrad her denkt. Anderthalb

Zentimeter breit sind die Reifen – in solcher Landschaft wäre ein derart filigranes Konstrukt normalerweise sofort zuschanden. Die Serpentine schließt den Berg auf. Sie öffnet ihn, der sonst spröde eine Fußbesteigung heischen würde, der Geschwindigkeit.

Und ich will unbedingt hinauf.

Dieses Erstürmen- und Erklimmenwollen hat keinerlei praktischen Sinn. Eher hat es mit der Lust am Widerstand zu tun, mit überschießender Vitalität, die zumindest in meinem Falle stets schneller als gedacht an ihre Grenzen stößt, davon aber erstaunlich unbeirrbar bleibt, sowie mit dem tröstlichen Wissen, dass der Weg das Ziel ist. Denn ist man oben, handelt es sich zwar um eine temporäre Erlösung von den Anstrengungen des Hinauf, aber das große Gefühl ist ebenfalls dahin. Und begehrt Erneuerung. Gottlob gibt es viele Serpentinenstraßen. Schier endlose und kürzere. Brutal steile, für jede Art Blamage gute, und gemäßigt dahinfließende. Anspruchsvolle und weniger anspruchsvolle. Hochfrequentierte und eher verwaiste. Wobei man natürlich auch immer wieder dieselbe wählen kann – kein Einwand gegen velozipedäre Monogamie. Vielleicht sind das sogar die wahren Glückspilze, die ihre Serpentinenstraße sozusagen vor der Haustür haben. Gewiss, sie erleben nicht so viel wie die Serpentinensammler, aber sie müssen dafür einen weit geringeren Aufwand treiben. Sie können mit ihrer Zeit haushalten. Und letztlich kommen sie auch auf ihre Kosten. Nach einer Weile kennen sie die Holde in- und auswendig und wissen genau, wie man sie fahren muss, mit welchem Tempo man sie am meisten genießen kann und an welcher Passage sie zur herzfrequenziellen Klimax gelangen sollten.

Soweit zunächst zur Serpentine beziehungsweise Passstraße. Die ist freilich nur ein so genanntes Sahnehäubchen, denn wer hat schon einen veritablen Berg vor der Haustür? Ich beispielsweise bin die wenigste Zeit auf Serpentinen unterwegs, aber letztlich um ihretwillen überhaupt. Ich möchte nicht in einer Welt ohne Serpentinen leben.

Ganz unabhängig vom Streckenprofil bedeutet Radfahren für mich die stets neue Erfahrung der simplen, in meinem Schreibtischalltag freilich nicht durchgängig manifesten Tatsache, dass ich einen Körper besitze, mit Muskeln, Sinnesorganen, Poren, einem Herz und zwei meist mangelhaft genutzten Lungenflügeln. Kurzum: dass ich lebe.

Radfahren ist die schnellste Fortbewegungsart, die dem Menschen aus eigener Kraft zu Gebote steht. Man ist auf dem Rad tatsächlich automobil. »Ich fahre als Beweis dafür, dass auch in unserer wissenschaftlichen und hoch technisierten Welt der menschliche Körper immer noch ein Wunder ist«, erklärte der Radprofi Lance Armstrong, für den diese Feststellung fraglos zutrifft.

Das Rad ist ein Vertrauter, keines fühlt sich an wie das andere und vor allem nicht wie das eigene. Je länger man trainiert, desto mehr vergrößert sich der Aktionsradius. Distanzen, die mir früher von München aus unerradelbar weit schienen, empfinde ich heute als vergleichsweise harmlos; Tegernsee, Schliersee, Ammersee – und ihnen folgend die Alpen – sind mit der Zeit immer näher gerückt. Wenn ich mich mit Freunden irgendwo draußen auf dem Lande auf ein Bier verabrede und sie mit dem Auto dorthin fahren, während ich das Rad nehme, heißt es beim Abschied dann: Du Armer musst jetzt die ganze Strecke in die Stadt zurückradeln. Wo es doch heißen müsste: Du Glücklicher darfst jetzt aufs Rad. Ich werde mich am leichtesten fühlen. Ich werde der Nüchternste sein daheim.

Wenn es nach mir ginge, müssten Berge immer nur nach

oben führen; ich bevorzuge die zwiespältigen Wonnen der Endorphin-Ausschüttung. Bergab halte ich mich sehr zurück. Zum einen teilt sich mir die Freude daran einfach nicht mit, zum anderen ist Adrenalin ein dummes Hormon, das Freude ohne Anstrengung suggeriert und die nur allzu begründete Angst übertölpeln will. Man könne sich fragen, ob es klug sei, auf diesen schmalen Reifen mit 90 Stundenkilometern einen Berg hinabzuschießen, sagt der Telekom-Fahrer Rolf Aldag in der Tour-de-France-Doku ›Höllentour‹ und kommt zu dem nahe liegenden Schluss: »Es ist nicht sehr klug.« Also zerre ich an den Bremsen, bis mir die Finger wehtun, und wenn man von einem Zweitausender herunterrauscht, ist dies vergleichsweise schnell der Fall.

Vom Sturzrisiko abgesehen, vor welchem mich meine an Feigheit grenzende Vorsicht bergab beziehungsweise mein großartiges Konzentrationsvermögen bislang achtundneunzigprozentig geschützt haben, ist Radfahren eine überaus bekömmliche Fortbewegungsart. Man belastet Muskulatur und Herzkreislaufsystem kontinuierlich, ohne den Gelenken einen vergleichbaren Tort anzutun wie etwa beim Laufen. Nicht zuletzt bewegt sich der Radler überwiegend in Gefilden, wo der Sauerstoffanteil höher als in der Stadt und die Luft reiner ist, woran auch er selber nichts ändert. Beim Radfahren kommt man deutlich weiter herum als beim Joggen, und weder eine Außenhülle aus Metall oder Glas noch ein Motor blockieren den Kontakt zur Umwelt. Man hört das Zwitschern der Vögel, das Zirpen der Grillen und das Singen der Reifen, dessen Tonart bei jeder Änderung des Fahrbahnbelags wechselt. Nur ein dünnes Trikot liegt zwischen Haut und Welt. Die Sonne brennt, der Wind kann einem gewaltig im Wege stehen, und nichts hält den Regen ab. Ein Anstieg teilt sich unmittelbar den Oberschenkeln mit. Der Radfahrer verbraucht keine Energie außer der körpereigenen. Kein Wesen leidet unter seiner Fortbewegungsart – außer manchmal er selber.

Überdies ist das Fahrrad ein Therapiegerät. Auf ihm können jene unvermeidlichen Trübsinnsanfälle, die den Menschen hin und wieder heimsuchen, genauso bekämpft werden wie ein veritabler Kater. Auch plötzlich hereinbrechende und fürs Erste unstillbare sexuelle Notdurft beziehungsweise gleichursächliches Herzeleid lassen sich mit anti-selbstischer Grundhärte wenigstens phasenweise aus Augen und Sinn pedalieren. Wer will, kann auf dem Rad nahezu jeden Schmerz vertreiben, indem er einfach einen stärkeren draufsetzt.

Auf dem Rad kann ich außerdem mein Gehirn entknoten und entschwurbeln, wenn ich mal wieder zu viel intellektuelle Milchsäure produziert habe, indem ich es minutenlang total abschalte und nur noch meinem Herz und meinem Atem zuhöre. Andrerseits rauschen mir auf dem Rad regelmäßig irgendwelche Ideen durch die Rübe, die sich später vielleicht verwerten lassen. Will heißen: Radfahren vermag sowohl meditativ-schädelausspülend als auch geistig-inspirierend zu wirken.

Sodann kommt diese Leibesübung meiner Neigung zum zeitweiligen Sozialautismus entgegen. Das Rad ist eine fahrtwindgeschirmte Insel, auf der niemand anruft, an die Tür klopft, überhaupt etwas von mir will. »In der Einsamkeit der Flughäfen/atme ich auf«, heißt es in Heiner Müllers ›Hamletmaschine‹. Dieses Gefühl kenne ich gut, dafür liebe ich die Flughäfen, aber noch tiefer atme ich auf, wenn ich mich pedaltretend aus der Welt entferne. Deshalb fahre ich beispielsweise gern an Wochenenden mit leichtem Nieselregen im Voralpenland, wenn die Wolken tief hängen, die Wiesen dampfen und die Straßen leer sind. Dann ist es, als wenn die

Welt in Watte läge. Die wenigen Töne sind gedämpft, still liegen die Gehöfte. Diese Einsamkeit ist ein Balsam für meine vom täglichen Gesichter- und Geredeschaum malträtierten Stadtmenschennerven.

Für diese Betrachtung ist es übrigens relativ einerlei, ob jemand Rennrad oder Mountainbike fährt. Meine Bevorzugung des Rennrads ist zwar evident, aber im Grunde läuft beides aufs Gleiche hinaus, der Genuss und die Schinderei sind ähnlich. Rennräder sind starrer, unflexibler, auch pannenanfälliger, sie haben in der Regel weniger (und größere) Gänge, insofern sind sie »schlimmer«. Aber dafür eben auch schneller. Über Stock und Stein fahre ich ungern. Für die Mountainbike-Variante dagegen spricht, dass man sich noch weiter in die Einsamkeit der Wälder und Berge davonzustehlen vermag und dabei vor allem dem Straßenverkehr samt seinen Abgasen ausweichen kann.

Rennradfahrer teilen sich bekanntlich die Straße mit Autofahrern, was beide Seiten mitunter stört. Das diffizile Verhältnis, ein vorwiegend deutsches Problem, wird später kurz thematisiert. An dieser Stelle soll nur der Aspekt von Belang sein, dass mich hin und wieder jemand hinter seiner Autoscheibe mitleidig anschaut. Etwa, weil ich im strömenden Regen fahre und er im Trocknen sitzt. Oder weil ich mich bei sengender Sonne schweißtropfend einen Berg hinaufarbeite, während er die Klimaanlage reguliert und mir ein Wölkchen Abgas zur Inhalation hinterlässt. Oder aber, weil ich bei Schneetreiben durch die Stadt radle, während er sich eines wohltemperierten Gesäßes erfreut. Weil ich den Elementen, diesem täglichen Wunder namens Wetter, ausgesetzt bin und er nicht.

Manchmal schaue ich dann mitleidig zurück.

Beinrasur oder: Spezies-spezifische Annäherung

Radfahrer sind eine merkwürdige Sorte Mensch. Sie scheinen eine gewisse Freude daran zu empfinden, sich zu quälen. Allein dass sie stundenlang auf diesen Martersätteln sitzen können, macht sie verdächtig. Überhaupt die Dauer ihrer Exerzitien. Radfahrer spulen im Jahr viele tausend Kilometer ab, wobei sie im Winter nicht etwa pausieren, sondern daheim oder in Trainingsräumen stundenlang *auf der Rolle* sitzen. Sie essen absonderliche Mengen Kohlehydrate und sind trotzdem dünn beziehungsweise vergleichsweise dünn.

Außerdem rasieren sich viele von ihnen die Beine. Das war übrigens einer der Gründe, warum ein gewisser Lance Armstrong, als er noch allein und unbekannt daheim in Texas trainierte, von manchen Truck-Fahrern von der Straße abgedrängt wurde – ein Mann, der mit rasierten Beinen auf einem keine fossilen Brennstoffe verbrauchenden Zweirad herumfährt, gehört nach dem Verständnis eines echten Hillbillys halt mindestens in den Straßengraben. Hierzulande, in der diskursiv sich permanent besinnenden Zivilgesellschaft, wird man allenfalls erstaunt angeschaut, wenn man kurze Hosen trägt (dieses »ewige und abscheuliche Man«, wie Flaubert es nannte, ist keine verschämte Verfremdung, ich will nur nicht dauernd »ich« schreiben). Andrerseits eröffnen sich völlig neue Gesprächsthemen. Man kann etwa mit Kolleginnen über die angesagtesten Enthaarungsmethoden parlieren und die Frage »Wie, du rasierst dir die Beine?« locker mit einem »Du etwa nicht?« kontern oder generell die Ästhetik des Männerbeines ins Gespräch bringen. Ein trainiertes rasiertes gebräuntes Bein – in dieser Reihenfolge – sieht doch allemal zivilisierter aus als die Kräuselwolle auf manchen Extremitäten, welche für meine Begriffe allzu sehr von nicht hundertprozentig abgeschlossener Phylogenese zeugt. Ich werde, unabhängig davon, wie lange ich aufs Rad steige, wohl mein Lebtag daran festhalten, auf Teilen meiner Körperoberfläche die Spätzivilisation gegen das überständige Affenmenschenerbe durchzusetzen.

Um eine halbwegs komische Anekdote einzustreuen: Meine erste Totalenthaarung fabrizierte ich in alkoholinduzierter Plötzlichkeit ungefähr gegen Mitternacht – ich hatte ja keine Vorstellung davon, wie viel Zeit es dauern und wie viele Klingen es kosten würde, bis der Bewuchs von meinen Gehwerkzeugen herabgeschält war. Zumal die Doppelklinge nach jeder Schneise, die sie gerodet hatte, an ihrer Ernte förmlich zu ersticken drohte. Kurzum: Es dauerte Stunden, die Nacht wurde lang, der Schlaf kurz. Am nächsten Tag hatte ich ein Interview mit einem recht berühmten und vor allem bedeutenden Philosophieprofessor zu führen. Ich entschuldigte mich gleich zu Beginn unseres Treffens bei ihm für meine kaum zu verbergende Müdigkeit und erklärte, die vergangene Nacht wenig geschlafen zu haben, weil ich bis tief in dieselbe damit beschäftigt gewesen sei, mir die Beine zu rasieren (die Indiskretion war wohl auf besagtes Übernächtigtsein zurückzuführen). Er nahm diese Information mit philosophischer Unerschütterlichkeit schweigend hin, und ich meinte schon, er habe sie überhört oder für einen dummen Scherz gehalten; wir führten das Interview zur Lage der Nation im Allgemeinen und Besonderen, und ich hatte meine Bemerkung längst vergessen. Aber als das Gespräch nach anderthalb Stunden beendet, das Tonband ausgeschaltet und eine Flasche Pichon-Longueville Comtesse de Lalande geordert war, fragte er mich unvermittelt: »Aber *warum* haben Sie sich denn die Beine rasiert?« – –

Bekanntlich tun Radfahrer dies vor allem deswegen, weil glatte Beine weitaus besser massiert und Schürfverletzungen nach Stürzen besser gesäubert und verarztet werden können. Selten gesteht einer den zusätzlichen ästhetischen Aspekt. Man – und frau sowieso – kann aber den Radsportzirkus auch als Nichthomosexueller beziehungsweise Nicht-Anatomiestudent kaum verfolgen, ohne dass der Blick wie automatisch auf diese Beine gelenkt würde. Die Schenkel von Jan Ullrich etwa sehen geradezu obszön aus, und angesichts solcher physischen Geografie frage ich mich, ob der Schöpfer gewisse Muskelstränge bei mir vielleicht einfach vergessen haben sollte.

Natürlich weiß ich, dass es unverschämt ist, hier mit Namen dieser Außerirdischen zu kokettieren, als habe deren und mein Treiben außer der Art der Fortbewegung etwas miteinander zu tun. Diese Feststellung in aller grenzenlosen Bewunderung, sozusagen mit dem Hut in der Hand. Letztere empfinde ich nicht unbedingt hier am Schreibtisch, aber sobald ich einen Berg hinanfahre, ist sie da. Ein Experte hat ausgerechnet, dass die ausdauernde Tretleistung der Weltspitzenfahrer – um die 500 Watt (bei kurzen Sprints übrigens das Dreifache!) – ungefähr bedeutet, eine zehnprozentige Steigung mit zehn Stundenkilometern hinaufzufahren, allerdings mit zwei Zementsäcken à 50 Kilogramm auf dem Gepäckträger. Im Anschluss an ein Gespräch anno 2000, während dessen ich ihn mit Fragen nach Lance Armstrong und seinem Limit traktierte, hat mir Jan Ullrich angeboten, ich möge doch mal mit ihm trainieren, dann werde er mir zeigen, was Limit sei. Aus Rücksichtnahme bin ich nicht auf diese Offerte eingegangen; Ullrich hat sich auch so schon oft genug erkältet. Zur Herstellung von Waffengleichheit hätte er sich ein Bein auf den Rücken schnallen müssen. Wo bei mir die Grenze liegt, beginnt so einer erst, warm zu werden. Natürlich hätte es mich gereizt zu erfahren, was so eine Menschmaschine für einen Puls hat, wenn ich bei 180 bin. Andrerseits warf diese Offerte ein Problem auf, dem ich natürlich auch ohne sie begegnet wäre, nämlich inwieweit es statthaft ist, etwas als Passion einzustufen, das andere so unendlich viel besser können. Bringt man sich nicht um seine Selbstachtung damit?

Hat, mag mancher einwenden, Passion etwa mit Können oder gar Professionalität zu tun, und nicht vielmehr mit Begeisterung, Leidenschaft, Hingabe, Freude im Sinne des Schiller'schen »Der Mensch ist nur da ganz Mensch, wo er spielt«? Ich werde mir eine Antwort auf diese Frage bis fast zur allerletzten Seite verkneifen.

Die extremen Leistungen der Spitzenfahrer gehören jedenfalls als eine Art Fanal untrennbar zur Faszination dieses Sports. Ohne sie wäre das Heer der Freizeitfahrer vermutlich nicht mal halb so groß. Dass immer wieder so genannte Doping-Sünder auffliegen, ändert daran wenig. Wenn Doping heißt, leistungsfördernde Mittel einzunehmen, dann dopen sie alle. Wenn Doping heißt, *verbotene* leistungsfördernde Mittel einzunehmen, tun es nur die Dummen. Marco Pantani bei seinem Sitzstreik während der 1998er Tour de France, mit Engelsmiene gegen das rabiate Vorgehen der Dopingfahnder protestierend – das ist im Nachhinein schon ein kurioses Bild. Aber am Berg war der Mann eine Sensation, und das hätte auch für Pantani minus Doping gegolten. Sein Abstand zu Ullrich wäre vielleicht ein anderer gewesen, aber der zu einem so genannten Normalsterblichen bliebe derselbe. Ich glaube auch nicht, dass Armstrongs singuläre Siegesserie entscheidend mit der Einnahme verbotener Mittel zu tun hat. Die Entdeckung von Epo hat die Geschichte des Radsports in ein Davor und ein Danach geteilt, aber 1999 – Armstrongs inkriminierte Proben stammten bei Redaktionsschluss dieses Büchleins nur aus besagtem Jahr – war es noch nicht verboten. Dass er bereit war, »pharmakologische Grauzonen auszuloten«, hat der Amerikaner zugegeben (›Jede Sekunde zählt‹, S. 98), aber das gilt, wie gesagt, für jeden Profi. Freilich hat Armstrong an derselben Stelle geschrieben: »Wer glaubt, dass ich vier Zyklen Chemotherapie ertragen habe, nur um dann mein Leben durch die Einnahme von Epo aufs Spiel zu setzen, muss verrückt sein.«

Natürlich könnte man sämtliche Pharmaka freigeben und moderne Sportwettkämpfe auf diese Weise näher ans antike Gladiatorentum heranführen, weil es dann wieder Tote geben würde. Ich zweifle übrigens nicht, dass dies eines nicht allzu fernen Tages geschehen wird; die Frage dürfte einzig sein, wer die Übertragungsrechte erwirbt. Der menschliche Körper kann eben mehr leisten, als er ungedopt zugibt, in Notsituationen ist kurzzeitig jeder zu außergewöhnlichen Taten fähig, und Doping setzt diese vom Körper weise gehorteten Energien frei (dasselbe tun übrigens auch Drogen wie Kokain). Man zahlt dafür mit Lebenszeit oder konsequenterweise mit dem Leben selber. Und das ist keineswegs nur eine Angelegenheit der Profis; viel zu viele Menschen haben heutzutage viel zu viel freie Zeit, viel zu wenig Grips und ein viel zu stark körperfixiertes Ich-Ideal. Ich, der ich mich hier in den Vordergrund drängeln darf, weil es schließlich und letztlich um *meine* Passion geht, habe außer Mineraldrinks, Krustentieren und Rotwein nie etwas genommen. Da ich aber ungefähr als Spätdreißiger eine Kreatin-Packung bereits in der Hand hatte, will ich mich nicht verbürgen, was ich als Zwanzigjähriger getan haben würde.

Wie auch immer: Was alljährlich in den drei französischen Juliwochen abgeht, ist nichts anderes als eine permanente Neujustierung des menschlichen Körperleistungslimits. Bei diesem »Wettbewerb im sinnlosen Leiden« (Lance Armstrong) gibt sich der globale Herzkreislauf-Adel ein Stelldichein. Bis Paris zum Peleton zu gehören, geht als Übermenschen-Zertifikat durch.

Die großen Rundfahrten und insbesondere die Tour de France sind als eine Art Hintergrundrauschen in den Köpfen vieler Freizeitradfahrer omnipräsent. Die Profis zeigen, was möglich ist, und manchmal hilft einem der Gedanke an ihre Leistungen beim Weitertreten, wenn scheinbar nichts mehr geht. Der wahre Crack versucht, wenigstens die Distanz zu schaffen, wenn schon die gefahrene Streckenzeit utopisch ist. Anfangs sind Leistungs- und Schmerzgrenze in diesem Sport nahezu identisch. Mit den Jahren lernt man, Erstere immer weiter über Letztere hinauszuschieben. Mit den Jahren wird man kräftiger und kann zumindest jene Berge überhaupt in Angriff nehmen, auf denen sich die Profis um Sekunden duellieren und dabei Tempi anschlagen, die mancher auf dem flachen Lande kaum erreicht. Da es bei Leuten wie mir weder um Sieg noch Ruhm noch Geld geht, stellt sich mit einer gewissen Zwangsläufigkeit die Frage: Wozu?

Bekanntlich ist das versuchsweise Beantworten von Wozu-Fragen der Quell aller Philosophie. Womit der erste der beiden titelgebenden Begriffe annähernd gerechtfertigt wäre. Und der zweite folgt sogleich.

Schmerzgrenzenabstecken oder: Wo beginnt die Passion?

In der Bundesrepublik gibt es angeblich ungefähr 65 Millionen Fahrräder (ich habe keine Ahnung, wie man das zählt). Radfahrer ist statistisch gesehen also irgendwie fast jeder. Selbst unkörperlich gesinnte Kollegen kommen bei strahlendem Zentralgestirn schon mal per Zweirad ins Büro. Das wäre die eine äußere Seite des Spektrums. Auf der anderen finden sich Leute wie der bereits mehrfach erwähnte Toursieg-Rekordhalter Lance Armstrong, der sein gesamtes Leben rigide dem Radsport untergeordnet hat und einen Alpenpass hinaufrast, dass man meint, es mit einem Genoptimierten zu tun zu haben. Dazwischen liegen Welten solchen Ausmaßes, wie es innerhalb ein- und derselben Spezies eher ungewöhnlich ist, innerhalb der menschlichen aber, gottlob oder leider, dauernd vorkommt; beim Sport mit seinen exakten Messungen fällt es bloß am meisten auf.

Doch wo beginnt die »Passion«? Bei 10 000 gefahrenen Kilometern im Jahr? Bei 300 Watt Tretleistung? Bei einem Fahrradpreis ab 3000 Euro? Wenn man aufs Rad steigt und nicht mehr zu treten aufhört, bis man nach Stunden wieder absteigt?

Die letzte dieser Richtlinien mag ansatzweise gelten – alle anderen wären zu beliebig. Holen wir uns deshalb die Definition aus dem Begriff. Bevor die Passion zur Liebhaberei, zum Faible oder Spleen wurde, stand der Terminus zunächst für eine zügellose Leidenschaft, die jemanden überkommt, und noch früher für das Leiden schlechthin, speziell das des Gekreuzigten. Das spätlateinische *passio* bedeutet Erleiden, Erdulden, auch Kranksein. Inzwischen ist der Begriff eindeutig ins Aktive und Gesunde umformuliert worden, aber das schließt keineswegs aus, dass manche Passion ins Pathologische umschlägt und manch Passionierter unter seiner manischen Liebhaberei tatsächlich leidet. Will sagen: Keine *echte* Passion ohne Leiden.

Auf unser Thema gewendet: Die Passion Radfahren beginnt, wenn gelitten wird, allerdings nicht vornehmlich *unter* der Passion, etwa weil sie zu viel Geld oder Zeit verschlingt, sondern wenn das Leiden selbst zum Gegenstand der Leidenschaft wird. Als passionierte Radfahrer sollen also diejenigen gelten, die sich auf ihrem Trainingsgerät mit gewisser Regelmäßigkeit Schmerzen zufügen.

Klingt krank, wie? Wir leben schließlich in einer Kultur der Schmerzvermeidung. Aber wer den Schmerz um jeden Preis meidet, wird auch die große Lust nicht finden. »Alles mit Leichtigkeit Erfolgende erzeugt weder Lust- noch Schmerzgefühle«, konstatierte – Klugscheißer schreiben an solchen Stellen gern: *bereits* – Platon (›Timaios‹, 64 d). Der körperlich extrem leicht ermattbare, aber bei intellektuellen Bergankünften von niemandem zu schlagende Immanuel Kant wiederum befand: »Sein Leben fühlen, sich vergnügen, ist (…) nichts anderes als: sich kontinuierlich getrieben fühlen, aus dem gegenwärtigen Zustande herauszugehen, der also ein ebenso oft wiederkommender Schmerz sein muss« (›Anthropologie in pragmatischer Hinsicht‹, § 61).

Mit anderen Worten: »Der Schnee vor meinen Augen ist schwarz geworden« (so der niederländische Radprofi Hennie Kuiper). Theoretisch ist das auch für den Otto-Normal-Freak zu schaffen, praktisch wird er kaum so weit gehen, weil ihm der Anreiz des Wettkampfs fehlt, bei welchem männliche Primaten zu den absonderlichsten Höchstleistungen fähig sind. Aber sich kilometerlang hinziehende mehr als zehn Prozent Steigung können den Schnee zumindest leicht ein- grauen. »Das ist auch eine Frage des Willens« (Jan Ullrich). Es ist nun mal nicht möglich, die erwähnten über zehn Pro- zent Steigung in einem halbwegs unpeinlichen Tempo zu fahren, ohne sich ein bisschen zu quälen. Man kommt als Nichtprofi ohne Schmerzen keinen Alpenpass hinauf.

Mit noch anderen Worten: Der Schmerz ist zugleich Anti- pode und Matrix des Wohlseins. Das echte Vergnügen setzt die Kenntnis eines Phänomens namens Schmerz voraus. Schmerz und Lust gehören zusammen wie Yin und Yang. Die Überwindung Schmerz erzeugender Widerstände führt zum größten Glücksgefühl. Das ist in unserem Luxus-Zeitalter und unserem Luxus-Weltteil möglichst unpathetisch und im Sinne einer Ökologie der Leidenschaften zu verstehen, wes- halb der Begriff Schmerz in diesem Zusammenhang auch durch den der harten Anstrengung ersetzt werden kann. So freut sich derjenige einer getanen Arbeit am meisten, der alles gegeben und es sich hat sauer werden lassen.

Vom gewaltigen Panorama abgesehen, das man sich freilich auch auf anderem Wege verschaffen könnte, gibt es keinen ersichtlichen Grund, sich dort hochzuquälen – außer der Schinderei-Gutfühl-Spirale selber. Der nun drohende Be- fund, es handle sich ja wohl um eine Art Masochismus, lässt sich leicht mit dem Hinweis kontern, dass es schließlich um nichts Sexuelles geht und ansonsten nahezu jeder Sport ma- sochistische Züge trägt (doch, doch, auch Golf, gerade Golf, denken Sie an die Gespräche). Außerdem: Ohne eine gewis- se Selbstquälerei wären weder ›Der Ring des Nibelungen‹ noch Giottos Fresken noch die Allgemeine Relativitätstheorie entstanden. *Generell* lässt sich gegen Selbstquälerei nichts sagen; entscheidend ist, wie Helmut Kohl weise sprach, »was hinten bei rauskommt«. In unserem speziellen Fall tendiert der Nutzen für die Allgemeinheit freilich gen Null, und natürlich darf sich jedermann an den Kopf fassen; Lebensphilosophie ist halt Geschmackssache.

Die temporäre Selbstquälerei endet sowohl bei geistigen als auch bei körperlichen Anstrengungen – und hierin besteht ihre Gemeinsamkeit – entweder im Triumph, weil man es geschafft hat, oder setzt sich fort in der Niedergeschlagenheit, versagt zu haben. Manche sind nie zufrieden mit sich und schieben ihre Grenzen immer weiter hinaus. Andere, zweifellos die Glücklicheren, können sich schon mal selber auf die Schulter klopfen und empfinden den zuletzt erbrachten Vitalitätsnachweis als ausreichend. Wenn dem Hinausschieben der Schmerz- und Leistungsgrenze keine Selbstbelohnung folgt, sondern die Selbstbestrafung in Gestalt des nächsten gesteckten Zieles, ist das zwar sehr abendländisch, sehr »faustisch«, aber auch ziemlich närrisch. Ich meinesteils setze auf tagesformunabhängige, also obligatorische kulinarische Selbstbelohnung. Fahrradfahren ist für mich der präludierende Teil eines Gesamtkunstwerkes, bei welchem auf die Strapaze die Schlemmerei mit derselben Unausweichlichkeit folgt wie der Donner dem Blitz. Nochmals, vielleicht etwas zu apodiktisch, Kant: »Vor jedem Vergnügen (muss) der Schmerz vorhergehen; der Schmerz ist immer das erste« (›Anthropologie‹, § 60). Mein Quasi-Masochismus schlägt abends in Hedonismus um, wobei ein Hedonismus, der unmittelbar auf der Selbstkasteiung fußt, letztlich nur das alte Motto: »Nach getaner Arbeit ist gut ruh'n« etwas überhöht. Mir ist durchaus bewusst, dass ich mich einem anderen Motto zufolge – nämlich: »Der Kluge sucht die Schmerzlosigkeit, aber nicht die Lust« (Aristoteles, ›Nikomachische Ethik‹, VII, 12) –, hiermit als doppelter Knallkopf offenbare.

Den Satz »Radfahren macht Spaß« werden Sie allerdings von mir nicht hören. Nicht weil Radfahren keinen Spaß machen würde, sondern weil der Begriff zu simpel und Spaß ein diskreditiertes Wort ist. Unter dem kleinsten gemeinsamen Nenner Spaß – neudeutsch: Fun – sammeln sich besonders die Fatzkes dieser Welt.

Mit *Genuss* kann ich deutlich mehr anfangen. Genuss ist gewissermaßen die Gymnasialform von Spaß. Spaß kann jeder haben, für den Genuss bedarf es einer gewissen Schulung, einer steten Verfeinerung des Geschmacks. Außerdem ist Genuss »ein leidender Zustand« (Thomas Mann). Leidend im Sinne der Hingabe. Kann man sich dem »Spaß« hingeben? Doch wohl nicht.

Und, noch eine Nummer größer, die *Freude*, der gute alte Götterfunken? Kann mich Radfahren erfüllen? Sagen wir, es ist für mich ein integraler Bestandteil von Freude, wiewohl für sich allein genommen nicht ausreichend, um dieses allumfassende Gefühl zu erzeugen. Aber als Basis eines gelungenen Tages oft unverzichtbar.

Du musst vorher gut essen, um dir eine Grundlage zu schaffen, empfehlen erfahrene Zecher. Du musst vorher gut radfahren, empfehle ich.

Initiationserlebnisse
oder:
Der Mann mit den Einkaufstüten am Lenker

Als Jan Ullrich sich 1997 anschickte, die Tour de France zu gewinnen, war Radsport auf einmal ungeheuer populär. Sahen sich früher ein paar Exoten die Tour im Fernsehen an, hing plötzlich alle Welt vor der Röhre und diskutierte die Siegchancen des Merdingers. Ich kann mich noch gut erinnern, wie Ullrich mit einem mir seinerzeit unbekannten Italiener namens Marco Pantani, dessen braun gebrannt-schweißtriefende Glatze auf mich beeindruckend guerillamäßig wirkte, bergauf um die Wette fuhr und eine Kollegin die TV-Bilder leicht hysterisch mit dem wiederholten Ausruf »Sieh dir das an: Er bleibt immer sitzen, er geht nicht einmal aus dem Sattel!« kommentierte. Ich saß damals beileibe nicht dauernd vor dem Fernseher, Radfahren interessierte mich nicht sonderlich, aber ich nahm an der sich ausbreitenden »Jan«-Idolatrie sozusagen auf dem Umweg über das kollektive Bewusstsein teil. Ohne Zweifel war der Bursche ein Held. Ohne Ullrich wäre ich viel länger beim Joggen geblieben, hätte mein Knie noch gründlicher ruiniert, aber aufs Radeln wäre am Ende doch alles hinausgelaufen (sic!), nicht zuletzt wegen der Gelenkschäden.

Als Großstadtkind und aus einer absolut bergfreien Region stammend hatte ich bis dato äußerst selten auf einem Velo gesessen, mir nach meiner Übersiedlung nach München aber immerhin ein Stadt- oder auch Altherrenrad gekauft. Vielleicht drei Jahre vor dem ikarischen Auftauchen Ullrichs hatte ich mit einem Bekannten auf einem – von dessen Freundin geliehenen – Mountainbike eine, nun ja, Bergtour unternommen. Ich weiß nicht mehr genau, wie der Großhügel hieß, den wir kletternd umrundeten; jedenfalls fuhren wir mit dem Auto irgendwohin an die Zehen der Alpen, die Strecke umfasste etwa 50 Kilometer und war im Mountainbike-Führer als völlig harmlos klassifiziert. Ich trug damals ein kleines Bäuchlein vor mir her und hatte noch keinen sonderlichen Geschmack an Leibesübungen gleich welcher Art gefunden. Bereits beim ersten »Anstieg« (ich bezweifle, dass ich diesen Begriff heute noch dafür durchgehen ließe) machte ich schlapp. Das heißt: Ich stieg vom Rad. Das ist mir später durchaus mal wieder passiert, an immer längeren und steileren Bergen, aber schon beim Premierenversagen ging mir die ultimative Peinlichkeit dieses Vorgangs auf. Meine Beine konnten die Pedale einfach nicht mehr durchtreten, ein flaues Gefühl in den Oberschenkeln – noch nicht mal ein Schmerz – signalisierte, ich möge von Danone-Behältern nicht erwarten, dass sie sich wie Muskulatur aufführten, der Bekannte war weit voraus und blickte sich auch nicht um, vermutlich weil er nicht auf die Idee kam, dass jemand an dieser längeren Bodenwelle kapitulieren könnte. Ich folgte ihm schiebend, was sich an diesem Tag noch wiederholen sollte. Zwei vorpubertäre Knaben überholten mich auf ihren Rädern, was ihnen sichtlich die Brust blähte und sie zum mehrfachen Umdrehen animierte. Ein Knockout mag schlimm sein, vom Rad steigen ist schlimmer.

Im Juli 1997 also ließ ich mich von einem Kollegen zu einer längeren Tour überreden. Inzwischen war ich durch regelmäßiges Laufen vergleichsweise trainiert und fuhr auf einer Kreuzung aus Mountainbike und Trekking-Rad, welches immerhin mein eigenes war, aber anderes als die Strecke von meiner Wohnung ins Büro kaum gesehen hatte. Es war ein knallheißer Julisonntag, wir verließen München gen Süden und hatten zunächst vor, den Starnberger See zu umrunden. Mein Fahrgemeinschaftspartner, Sportredakteur, dünn und fit, stampfte auf seinem alten Rennrad ohne die erkennbare Absicht, jemals wieder anzuhalten, vor mir her, und ich gedachte mit leisem Schrecken der Worte einer Kollegin, die mir, als sie von unserem Vorhaben hörte, prophezeit hatte: »Der macht dich fertig.«

Ich folgte mit meinen breiteren Reifen in seinem Windschatten und stellte mit nicht geringer Erleichterung fest, dass ich an den zahlreichen kurzen Steigungen dranzubleiben vermochte. Etwa ab Kilometer 40 begann ich, die Anmut der bayrischen Biergärten zu preisen, speziell jener, an welchen wir unbegreiflicherweise bereits vorbeigefahren waren. Irgendwann ließ der Wackere sich zum ersten Boxenstopp breitschlagen.

Wir fuhren an diesem Tag vielleicht 120 Kilometer weit, und zwar so schnell wir konnten. In den kurzen Pausen tranken wir mehrere Liter Bier. Während ich schweißtriefend und glutköpfig die Pedale bearbeitete, dämmerte in mir die Ahnung, dass auf dem Rad Selbstwahrnehmungen ungeahnter Intensität möglich sind. Der Stress des ständigen Tretens, die enorme Hitze und der Bierrausch schienen mir zudem ideale Ingredienzen eines in seiner Wirkung noch schwindelerregend steigerbaren Gesamtkunstwerkes zu sein. Es war noch keineswegs *das* Evidenzerlebnis, aber ein Erlebnis höherer Ordnung war es auf jeden Fall.

Damals schloss ich übrigens Bekanntschaft mit einem so genannten *Hungerast*. Ich hatte zwar jede Menge getrunken, nur ans Essen überhaupt nicht gedacht – was wusste ich schon vom Kalorienverbrauch durch Radfahren? –, so dass ich plötzlich eine minimale Steigung nicht mehr hinaufkam. Wie damals, als die beiden Knaben mich überholten, gehorchten meine Beine partout nicht mehr der Aufforderung, sich zu bewegen, wenngleich das Gefühl ein anderes war, die Schwäche schien nicht generell in den Beinen zu stecken, sondern mir war, als habe jemand meinen Netzstecker gezogen. Es waren noch etwa 30 Kilometer bis München. Interessanterweise signalisierte mir mein von der Situation ebenso überraschter Körper plötzlich ein dermaßen soghaftes Hungergefühl, dass ich meinen Zustand gar nicht fehlinterpretieren konnte. Ich schob mein Rad zum nächsten Biergarten und nötigte meinen Mitstreiter, dasselbe zu tun, dort verschlang ich ein halbes Hähnchen – und auf einmal ging es wieder. Es war ein erstaunliches Phänomen. Ich hatte die fundamentale Verbindung von Radfahren und Essen im Selbstversuch ergründet und den Unterschied zwischen genereller und temporärer Schwäche erfahren. Die Mär stimmte also, dass man sich anständig den Bauch vollschlagen muss, bevor man aufs Rad steigt. Der für meine sich entwickelnde Passion vielleicht noch wichtigere Umkehrschluss – dass man anständig Rad fährt, um sich danach hemmungsfrei den Bauch vollzuschlagen und einen anständigen Rausch draufzusetzen – hatte am selben Abend Premiere. Ich bin noch nie davon abgewichen.

Mein Interesse war also geweckt, ich umkurvte in der Folgezeit ein paarmal den Starnberger See und kaufte mir schließlich ein gebrauchtes Rennrad, um die ganze Angelegenheit etwas schneller durchziehen zu können. Aber Passion war das noch nicht. Laufen fand ich nach wie vor einleuchtender, vor allem wegen des geringeren Zeitaufwands.

Das wirkliche Evidenzerlebnis fand exakt ein Jahr später statt. Ein großer deutscher Konzern, zu dem auch eine überaus erfolgreiche Radsportmannschaft gehört, gewährte einer Handvoll Journalisten und anderen Auserwählten die Huld, einen Teil einer Tour-de-France-Etappe mit dem Original-Equipment zu bestreiten sowie tags darauf im Auto die echte Etappe zu begleiten. Das Ungewöhnliche daran war der Verzicht auf eine journalistische Gegenleistung; nicht einmal andeutungsweise kam die Rede darauf. Vielleicht irre ich mich aber auch (ich bin später von diesem Konzern nie wieder eingeladen worden). Es ist leider und irgendwie logischerweise üblich, dass von eingeladenen Skribenten spätere journalistische Lobpreisungen erwartet werden. Mir ist zum Beispiel von einem Hersteller angeboten worden, an der Seite einer waschechten Triathlon-Irgendwasmeisterin auf Prototypen eines Rennrades mit integriertem 500-Watt-Elektromotor irgendeine australische Wüste zu durchqueren. Also sozusagen Armstrong und ich auf einem Rad, und die Triathletin, ebenfalls mit einem zusätzlichen Armstrong unterm Sattel, daneben. Was wäre das für ein Ausritt gewesen! Australien hätte ich allenfalls in Kauf genommen, aber nicht die Idee, mich mehr oder weniger kaufen zu lassen. So fuhr denn ein anderer an der Seit' der muskulösen Maid …

Aber zurück ins Jahr 1998. Die Offerte landete durch Zufall auf meinem Schreibtisch, weil der ursprünglich Geladene sich der Herausforderung nicht stellen beziehungsweise nicht auf die Schnelle 20 Kilo abnehmen wollte. Nach einigem Zögern sagte ich zu. Letzteres bezog sich auf das beigelegte Streckenprofil, in dessen erster Hälfte sich ein Berg befand, ein Alpenpass. Ich war mir nicht sicher, ob ich dort hinüberkommen würde. Die Angst Lance Armstrongs vor Niederlagen ist nichts gegen meine vor Blamagen. Zufällig las ich die Geschichte eines Hamburger Journalisten, der testen wollte, ob ein Normalsterblicher eine Tour-de-France-Bergetappe absolvieren könne, und sich nacheinander über den Col du Tourmalet (2115 m) und den Col du Aubisque (1709 m) gequält hatte. Mir stand nur ein gewisser Col de Rousset im Wege (1254 m). Das, machte ich mir Mut, musste wohl zu schaffen sein.

Als ich aus Frankreich wiederkam, war ich überzeugt, bislang partiell falsch gelebt zu haben. Das ist das Wesen des Evidenzerlebnisses. Der erste Château Margaux (es war der 82er). Carlos Kleiber beim Dirigieren zusehen. Die ersten Seiten Nabokov. Der Premierenblick in einen gut gefüllten Münchner Biergarten. Evidenzerlebnisse überkommen einen mit umstülpender Wucht (manche gehen deshalb so weit, eines ihrer Evidenzerlebnisse zu heiraten).

Nun also die Tour de France, aus doppelter Perspektive.

Die Teilnehmer der Amateur-Etappe erhielten Original-Räder, Original-Mannschaftsbekleidung und Original-Verpflegung. Morgens ging es an der Seite ehemaliger Profis, eskortiert von einem Motorrad-Kamerateam und zwei Begleitfahrzeugen, auf die 150 Kilometer lange Strecke, die von Valence nach Valence führte – man musste ja wieder im Hotel ankommen. Es herrschte brütende Hitze, kein Wölkchen stand am Himmel.

Was das Sich-Blamieren anbetraf, bedurfte ich des Berges gar nicht, ich schaffte es schon oder noch in Valence. Der ganze Pulk überquerte eine Kreuzung, ich fuhr als Letzter, die Ampel schaltete auf Rot, ich zog die Bremsen. Nun geschah, was in der Klickpedal-Gewöhnungsphase nahezu jedem x-mal widerfährt, nur eben selten vor so großem Publikum. Selbstverständlich hatte ich nicht mehr an diese Dinger gedacht – ich fuhr zum ersten Mal damit. Die Kreuzung war voll, ich nehme an, es handelte sich um den zentralen Knotenpunkt der Stadt, und Dutzende Franzosen sahen zu, wie der junge Mensch im Trikot einer der weltbesten Radfahrmannschaften, ein mehrere tausend Mark teures Gefährt unterm Hintern, in Zeitlupe umfiel und dabei so hektisch wie vergeblich versuchte, den arretierten Fuß aus der Pedalfalle zu zerren. Die Rotphase dauerte scheißlange. Es war nicht Sophie Marceau, die neben mir stand, aber ihr teils amüsierter, teils spöttischer Blick verfolgte mich in den nächsten Stunden …

Nach ungefähr 30 Kilometern begann der Berg, knapp 1000 Höhenmeter, aber bei gemäßigter Steigung. Wir nagten nur am Rand der Alpen. Die Original-Etappe würde tags darauf nach Grenoble weiterführen, und die nächste dann wirklich in die Hochalpen. Im unteren Drittel wehte ein mittelstarker Wind von vorn, der einerseits eine angenehme Kühlung brachte, andrerseits den Tritt erschwerte. Später gab es nur noch drückende Sonne und den glutheißen Asphalt. Ich strampelte die meiste Zeit an der Seite eines Berufskollegen, der 57 Jahre alt war – 21 Jahre älter als ich – und sehr trainiert wirkte. Mein Pulsmesser zeigte bald 160, dann 170 Schläge pro Minute, und ich kam mit dem Flüssigkeitsausgleich kaum hinterher. Aber ich fühlte mich ungekannt euphorisch. Es war großartig, sich die Serpentinen hinaufzuschrauben, die Ortschaften unter sich zu lassen, allmählich in eine immer kahlere Felsregion zu fahren – und alles aus eigener Kraft. Irgendwann aber begannen meine Beine schwer zu werden, hinter jeder Kurve wartete eine weitere, und kein Ende war in Sicht. Ich wurde langsamer und langsamer, während mein Fahrgemeinschaftspartner, den ich inzwischen *Alter Löwe* getauft hatte, zunehmend aufgedrehter wirkte. Schließlich blieb mir nur, ihm ein wohlwollend-resignatives »Bitte, es ist Ihr Berg« zuzuschnaufen. Er ließ mich hinter sich und strebte allein dem Gipfel entgegen.

Ein Siebenundfünfzigjähriger! Das, beschloss ich mit traurigem Blick auf meine brennenden und immer mehr streikenden Beine, sollte dir ein Vorbild sein. Besagter Herr kam als Erster der Gruppe oben an, während ich mich damit tröstete, dort angekommen zu sein, ohne dass ich zwischendurch vom Rad hatte steigen müssen. Das wirst du künftig öfter machen, beschloss ich beim Blick ins Tal. Nur schneller. Nicht in einem Tempo, wo einem Schmetterlinge durch die Speichen huschen könnten. Und höher hinauf. Was für ein Gefühl musste es erst sein, einen *richtigen* Alpenpass zu fahren, einen Col du Galibier zum Beispiel, 2646 Meter hoch und gar nicht weit von hier. Es sollte drei Jahre dauern, bis ich dort stand.

Die restlichen reichlich 100 Kilometer führten zunächst hinab und dann wieder aus den Bergen hinaus, sie waren, mit anderen Worten, vergleichsweise langweilig, wenngleich die schiere Streckenlänge genügte, die Gruppe zunehmend zu dezimieren. Abends bekam jeder Teilnehmer eine Urkunde, im Anschluss folgte ein Mehrgänge-Menü, bei welchem ich feststellte, dass ich so ziemlich der einzige Raucher war. Ich erwähne das, um ein Anekdötchen einstreuen zu können, das an einem Ort im Lande einen Hauch von schlechtem Gewissen erzeugen sollte. Am Abend vor der Tour hatte ich angesichts des erschütternd radsportgerechten Speiseangebots – ein Berg Nudeln, ein Berg Kartoffelbrei, ein Berg Reis, ein paar trockene Steaks – so lange gequengelt und gemosert, bis der Veranstalter ein paar Flaschen Rotwein auffahren ließ, woraufhin der neben mir sitzende seinerzeitige Chefredakteur einer großen Hamburger Illustrierten spöttelnd fragte, ob ich denn tags darauf am Berg vielleicht noch eine Zigarette rauchen würde. Klar, warum nicht, sagte ich. Das wolle er sehen, sagte er. Und wir wetteten. Vor Zeugen. Als er tags darauf den Gipfel erreichte, erwartete ich ihn mit einer Zigarette im Mund – er hat die daraus resultierende Wettschuld, nämlich allen Anwesenden einen auszugeben, übrigens nie eingelöst –, wobei ich von dieser Fluppe beinahe ohnmächtig geworden wäre. Verglichen mit meinen sonstigen Gewohnheiten war dies zwar bloß eine homöopathische Dosis Gift, doch die genügte, um meinem in einer Art Rausch schwebenden Körper gewissermaßen einen Tiefschlag zu versetzen. Es gibt ja diese Theorie, dass Rauchen ein Zeichen von Gesundheit ist, weil kein kranker Mensch raucht; demzufolge wäre ich an jenem Mittag auf dem Col de Rousset krank gewesen. Es ist weniger eines der großen Rätsel als vielmehr einer der großen Zwiespälte der menschlichen Natur, dass ein auf Sport trainierter Körper mit so genannten Genussgiften oft schlechter klarkommt als ein unsportlicher, weil der Körper erstens auch auf den Konsum von Genussgiften trainiert werden will und zweitens Sport den Organismus genauso belastet wie Gift, nur eben mit anderen Folgen. Es scheint auf gegenseitige Ausschließlichkeit, auf ein Entweder-Oder hinauszulaufen, dem ich für den Bereich des Nichtleistungssports in puncto Alkohol auf den Folgeseiten freilich heftig widersprechen werde. Aber das Rauchen habe ich, von jenen seltenen Momenten abgesehen, wo mich ein Tête-à-Tête derart wuschig macht, dass ich zur Zigarette greifen muss, seit Jahren aufgegeben.

Zurück zur Tour de France en miniature. Am Morgen danach sah ich die echten Profis. Ich war verblüfft darüber, wie dünn und ausgezehrt die meisten wirkten, wahre Hänflinge, denen man am liebsten einen Stuhl und etwas zu essen angeboten hätte. Andrerseits liefen diese kentaurischen Wesen auf Beinen umher, die aussahen, als habe Arno Breker sie modelliert oder als seien sie dafür vorgesehen, Hängebrücken zu halten. Später stürmten die Burschen vollkommen unangestrengt, aber in perfidem Tempo den Col de Rousset hinan, wobei sich die meisten noch unterhielten.

Bei der Zielankunft in Grenoble stand ich bereits im Publikum. Vier Fahrer, hieß es, hätten sich abgesetzt und würden um den Tagessieg sprinten. Dass sie sich bereits auf der langen Zielgeraden befinden mussten, entnahm ich der zunehmend aufgeregter werdenden Stimme des Lautsprechermannes und den inzwischen gut erkennbaren Lichtern der Begleitfahrzeuge. Außerdem hatte die erste Reihe des Publikums, in welcher auch ich mich befand, damit begonnen, rhythmisch auf die Absperrgitter zu klopfen. Die Welle der Anfeuerungsbekundungen kam näher. Ich sah immer noch nichts von den Fahrern und beugte mich weit nach vorn. Da passierte es. Jemand schoss auf mich. Beziehungsweise an mir vorbei. Es war, als sei ein Schnellzug an mir vorübergerast. Der Luftzug traf mich mit einer Art Knall, Staub flog mir in die Augen, auf der Straße herumliegende Zeitungen und Papierschnipsel wirbelten auf. Das war die vierköpfige Spitzengruppe gewesen. Die Fahrer waren direkt an meiner Seite der Barriere entlanggespurtet, mir seinerzeit noch nicht geläufigen Gesetzen des Windschattenfahrens gehorchend. Die Digitalanzeige über dem Ziel zeigte knapp 70 Stundenkilometer.

Ich bemerkte, dass ich eine Gänsehaut hatte – diese Verrückten waren immerhin vorher 200 Kilometer durchs Gebirge gefahren. Binnen 24 Stunden war ich sozusagen aktiv und passiv fürs Radfahren entflammt. Die Euphorie brachte ich mit nach Hause. Fortan fuhr ich nahezu jedes Wochenende gen Süden und kehrte nie unter 100 absolvierten Kilometern zurück. Ich reduzierte im Fitnessstudio alle anderen Übungen zugunsten des Radtrainings, fuhr noch öfter mit dem Rad ins Büro und versuchte, nach Feierabend möglichst ein paar Kilometer abzuspulen.

Etwas deprimiert war ich, als ich das Video erhielt, das den Teilnehmern der Sekundär-Etappe zugesandt wurde. Der von allen den unmöglichsten Stil fuhr, steifarmig, den Nacken verspannt, den Kopf hängend und dermaßen o-beinig, als trüge er Einkaufstüten am Lenker, das war ich. Über den Gang, mit welchem ich bergauf kurbelte, sei der Mantel des Schweigens gebreitet, auf jeden Fall sah es extrem ulkig aus, gerade in Kombination mit dieser Beinstellung. Das redensartliche *wie ein Affe auf dem Schleifstein* ist nur abgelutscht, unbedingt falsch wäre es auch in diesem Fall nicht gewesen. Fernerhin fand ich mich zu dick (die Fahrradmontur zeigt so etwas gnadenlos). Dieses Video war entschieden nicht vorzeigbar.

Was soll's, dachte ich innerlich seufzend, auch Parsifal hat seine Heldenkarriere als Haltungsnoten-Narr mit einem Speer ohne reguläre Spitze begonnen. Ich korrigierte meine Sitzposition und Beinstellung vor dem Spiegel, stellte den Sattel höher, kaufte mir Klickpedale und schließlich ein neues Rennrad. Zwischenzeitlich fastete ich sogar, um mein Gewicht zu reduzieren, und änderte meine Ernährungsgewohnheiten (außer abends). Und abgesehen davon, dass ich beim Fahren dauernd an Grenzen stieß, fühlte sich alles recht gut an.

Beisichsein
oder:
Die Einsamkeit des Langstreckenradlers

Würde man einen Profi fragen, er erteilte gewiss die Auskunft, dass Radfahren ein Mannschaftssport ist. In der Tat können die Meisterpedaleure die großen Rundfahrten nur gewinnen, weil ihr Team aufopferungsvoll für sie kämpft, ihnen Windschatten spendet, Lücken zu Ausreißern schließt, den Spurt anfährt, sie bis zum finalen Anstieg über die Berge zieht und, selbstverständlich, auch die Wasserträger für den Chef stellt. Lance Armstrong bemerkte einmal, von seinem Gelben Trikot gebühre ihm allenfalls der Reißverschluss, der Rest gehöre der Mannschaft. Die meiste Zeit des Jahres trainieren die Profis im Team; es fährt sich leichter, und man muss sich schließlich kennen lernen.

Viele Freizeitradfreaks agieren freilich eher in der Nähe jener frühen Tour-Einzelkämpfer, die sich, Ersatzschläuche wie Patronengurte umgehängt, auf eigene Faust durch Frankreich schlugen. Zumindest ist das meine Beobachtung. Die meisten fahren allein. Mag sein, dass sich viele Grüppchen in den Bergen trennen, weil man eben doch verschiedene Tempi anschlägt, und sich gegen Ende wieder vereinen. Die größte Gruppe, in der ich jemals gefahren bin, bestand aus drei Mann. Wer keine Rennen fährt, braucht keine Mannschaft.

Ein Vorteil der Gruppe besteht darin, dass man kollektiv zügiger unterwegs ist. Zwei sind schneller als einer, zehn schneller als zwei, und zwanzig schneller als zehn. Das liegt am Windschatten, den man sich gegenseitig spendet, eine große Schar ist quasi in einer Luftblase unterwegs, und das ist auch der Grund, warum bei Rennen das Hauptfeld die Ausreißer in der Regel immer wieder einholt. Somit ist der Aktionsradius einer Gruppe vergleichsweise größer, und man kommt mehr herum. Ein weiterer Vorteil der nichtsolistischen Variante besteht darin, dass man sich gegenseitig motivieren, allerlei Scharmützel liefern und sich an schwachen Tagen ziehen lassen kann, sowie im Bedarfsfall, mein größter Graus, bei Reparaturen zur Seite steht. Außerdem: Mit einer Gruppe in einen Biergarten einzufallen ist amüsanter, als autistisch über seiner Maß zu grübeln.

Trotzdem fahre ich allein. Es muss also auch starke Gründe für diese Variante geben.

Zunächst, negativ formuliert, scheitert für mich die Fahrgemeinschaftsgründung an der Unwahrscheinlichkeit, jemanden aufzutreiben, der in etwa gleich stark beziehungsweise schwach und obendrein ein angenehmer Gesprächspartner ist. Und Zeit müsste er schließlich auch noch mitbringen. Die Wochenenden verbringen die meisten Menschen meiner Altersklasse bekanntlich zeitlückenlos in ihren familiären Klausuren.

Ich bin keineswegs unglücklich über fehlende Gesellschaft. Für mich ist Radfahren sowieso eine stark selbstbezügliche Tätigkeit. Ich finde es auf eine autosuggestive Weise beglückend, wie an der Schnur gezogen durch die Landschaft zu gleiten. Auf dem Rad weile ich sozusagen in einem Kokon, physisch wie psychisch. Ich bin eine in geschwindigkeitsgeschützter Innerlichkeit dahingleitende Leibniz'sche Monade. Beim Laufen konnte ich diese Distanz zur Umgebung nicht in einem annähernd vergleichbaren Maße herstellen. Vor allem bin ich auf dem Rad unansprechbar. Das Rauschen des Fahrtwindes sorgt für weitere Hermetik. Ich höre meinen

Atem und das Klopfen meines Herzens. In der Gruppe wird dieser Effekt zerstört; man muss sich koordinieren, jemandes Tempo anpassen, auf den Vordermann achten und so fort. Die meisten Rennradler, die mir entgegenkommen, fahren wie gesagt allein; sie scheinen das ähnlich zu sehen.

Es gibt unzählige kleine Straßen, die sich durch die malerische oberbayerische Berg- und Hügellandschaft schlängeln, vorbei an Wiesen und Feldern, an kleinen Wäldchen und Seen, an Dörfern und Klöstern, Kühen und Biergärten. Meistens sieht man die Alpen als Panorama. Über allem der unverschämt blaue Himmel. Hin und wieder halte ich glücksnah oder auch bestürzt inne und freue mich, dass ich das alles sehen darf. Zum Beispiel lag bei einer Mountainbike-Tour so unverhofft wie urplötzlich Oberammergau zu meinen Füßen (ich bin ein ziemlicher Orientierungsidiot, für mich kommt so einiges unverhofft). Es war ohnehin schon ein Blick ins Bilderbuch, doch als ästhetische Zu- und Draufgabe hatte die himmlische Passionsspielleitung veranlasst, dass an diesem relativ bedeckten Tag exakt in der Sekunde, als ich den Ort erschaute, exakt über demselben die tief hängenden Wolken aufrissen und die Sonne wie ein gewaltiger Scheinwerfer auf Oberammergau herabstrahlte. In solchen Momenten würde vielleicht sogar Mister Armstrong anhalten. Wilhelm II., unser beziehungsweise Deutschlands vorerst letzter Kaiser, beobachtete einmal auf der Brücke eines Kriegsschiffes den Sonnenuntergang über dem Skagerrak. Angesichts der Grandiosität des Naturschauspiels, so kabelte Seine Majestät nach Berlin, hätten er und die ihn umstehenden Offiziere impulsiv die Hacken zusammengeschlagen … – wie krieg' ich von dieser schönen Anekdote den Bogen zurück zum Rad? Ich sage nur: Naturerlebnisse!

Jedoch nicht vom Anhalten und Haltung-Annehmen soll

hier die Rede sein, sondern zunächst einmal vom Losfahren. Ich will nicht behaupten, dass ich mich jedes Mal dazu überwinden müsste, aber ich staune ständig von Neuem darüber, wie schwerfällig und fern von jeder Leistungsbereitschaft ich an den Start gehe. Die ersten Kilometer fühlen sich manchmal an, als habe ich noch nie auf dem Rad gesessen. Doch nach einer Weile, sobald der Körper voll arbeitet, erlebe ich eine Transformation, die zum Schönsten am Ausdauersport gehört. War der Kreislauf anfangs noch müde, die Muskulatur eher schwer, waren allerlei seelische und körperliche Schlacken unausgeschieden, so ist das nach einer oder manchmal auch erst nach zwei Stunden vorbei. Immer mehr Sauerstoff strömt in Adern und Muskeln. Die Poren schalten auf Ausscheiden. Stauungen lösen sich, Energieströme beginnen zu fließen. Der Körper zapft seine Hauptbatterien an und signalisiert, dass auch diesmal einiges an Kraft zur Verfügung stünde. Vorlust-Gefühle wonneschauern den Rücken hinauf und hinab. Die Lunge wird immer weiter, der Tritt immer leichter. In dieser Phase will es oft scheinen, als gäbe man keine Energie ab, sondern bezöge stattdessen über den Asphalt neue, wie über eine Oberleitung. Nun können die dickeren Gänge eingelegt werden. Nun kann man's krachen lassen. Nun sollte der erste Anstieg auftauchen.

Allmählich fährt man in die Vorstufe eines Rausches. Man wechselt in eine andere Sphäre. Das ist bei anderen Ausdauersportarten ähnlich, aber das Runde, Geölte, Maschinenhafte der Pedaldrehungen hat seine spezielle Stimmigkeit. Keine Bewegung hakt, keine ist überflüssig. Man ist wie verwachsen mit seinem Sportgerät, konzentriert sich auf die Straße und das Mahlen der Beine. Dass man sitzt, ist ein wichtiger Aspekt – nicht nur im Sinne Peter Ustinovs, der bei seiner Musterung angeblich gesagt hat, er wolle zu den Panzern, damit er wenigstens sitzend in den Krieg ziehen könne –; Sitzen bedeutet, dass sich die Belastung fast ausschließlich auf die Muskeln und nicht auf die Gelenke überträgt. Keine Stöße, kein Verdrehen, kein Knirschen, kein Verschleiß. Ein übersäuerter Oberschenkel ist eine unangenehme Sache, aber im Gegensatz zu einem vom Joggen schmerzenden Knie irgendwie etwas Gesundes, jederzeit Regenerierbares. Es gibt kaum Ausweichmöglichkeiten für die am Pedal festgezurrten Beine. Die Bewegung bleibt rund, wenigstens im Idealfall. Geht man aus dem Sattel in den Wiegetritt, so ist das, als wenn man sich zum Tanz erhebt. Zumindest anfangs. Irgendwann wird es halt wehtun, und des Tänzers Gesicht wird leicht zu grimassieren beginnen.

Radfahren im gehobenen Pulsbereich bedeutet zugleich Ek-stase und In-stase. Der Körper agiert ekstatisch, indem er verbrennt, Energie erzeugt und an die Pedale abgibt. Parallel dazu kehrt sich der Geist nach innen. Es mag objektiv damit zusammenhängen, dass dem Gehirn aufgrund der Muskulaturbelastung weniger Blut und damit weniger Sauerstoff zur Verfügung steht. Jedenfalls beschert zumindest mein Körper in Momenten harter Pulsarbeit meinem Geist ein Bewusstsein matrjoschkahafter Inwendigkeit. Das ist ein wahrlich denkwürdiger Vorgang, weil ich ja immer davon ausging, dass es der Geist ist oder das Bewusstsein, der oder das für die Treterei verantwortlich sei, aber manchmal tritt irgendwer einfach weiter, obwohl der Befehl längst aufgehoben ist.

So wie konzentriertes Denken den Körper der Wahrnehmung zeitweise vollständig entzieht, verschwindet also umgekehrt der Geist bei konzentrierter körperlicher Anstrengung. Er wird immer leerer. Etwa als wenn ein Sturm den Himmel fegt. Der blaue Himmel besitzt keineswegs eine höhere Dignität als der bewölkte, er ist im Gegenteil eher langweiliger, aber er fasziniert durch seine azurne Reinheit. Bekanntlich gibt es im asiatischen Kulturkreis eine Menge von Techniken, eine vergleichbare Reinheit im Kopf herzustellen, und zwar jene des Nicht-Denkens. Auch der klügste Mensch denkt ja ununterbrochen Unsinn, ob er will oder nicht. Würde man Wort für Wort protokollieren, was einem Nobelpreisträger an einem einzigen Tag durch die Rübe rauscht, bräuchte man erstens Dutzende Blatt Papier und würde zweitens feststellen, dass mindestens neun Zehntel dessen, was darauf steht, Banalitäten, Versatzstücke oder schierer Nonsens sind. *Ich* denke, ist meistens eine Illusion; richtiger wäre: *Es* denkt. Das gilt übrigens für kluge Gedanken nicht minder, wenngleich sie sich insofern herbeizwingen lassen, als man ihnen sozusagen mental den Boden bereiten kann. Für die Erzeugung ihrer zahllosen minderbemittelten Geschwister sind heutzutage vor allem die Massenmedien verantwortlich, die an einem einzigen Tage vermutlich mehr Schwachsinn und überflüssige Informationen produzieren als frühere Hochkulturen während ihrer gesamten Existenz. Wie der Zivilisationsmüll die Weltmeere verschmutzt dieser Medienmüll auch noch das letzte, auch noch das feinste Gehirn.

Was will uns der Autor mit diesem scheinbar äußerst radfahrfernen Exkurs sagen? Zunächst einmal, dass durch seinen Schädel ebenfalls zu jeder Zeit haarsträubender Unsinn in oft zermürbender Immergleichheit walzt, tausend meist medial aufgedrängte Dinge, die mit ihm nicht das Geringste zu tun haben – ich will Boris Becker nicht kennen. Und dass dieser Schädel folglich einer Reinigung permanent bedürftig ist. Und dass es dafür Wege gibt.

Es verhält sich so, dass ich auf dem Rad bei entsprechend hohem Puls weniger – also auch weniger Quatsch – denke als in jeder anderen Lebenslage, bei jeder anderen Beschäftigung, Sex eingeschlossen. Selbst am Ende eines ausgiebigen Gelages gibt der Kopf nicht in vergleichbarem Maße Ruhe. Allein schon deshalb lohnt sich die Fahrerei. Radfahren ist Meditation. Ich sondere dabei nicht nur literweise Schweiß ab, sondern auch jede Menge Blödsinn. Der zeitweise leere Kopf ist ein Segen.

Ich befinde mich also beim Radfahren für bestimmte Zeitabschnitte nicht in Gedanken, sondern aus allen Gedanken (in-Gedanken-sein empfiehlt sich bei diesem Tempo ohne Knautschzone sowieso nicht). Diesen Zustand sollte man freilich nur suchen, wenn man seine Sinne zugleich unter Kontrolle behält. Man muss bei allem Dahinschweben und aller Schinderei hellwach sein. Je stärker das Herz schlägt, desto mehr ist man bei sich, in sich – und gerade dann dürfen die Sensoren nach draußen ihre Arbeit nicht einstellen. Ein Versteuern, und man liegt, günstigenfalls, im Straßengraben.

Auch die Konzentration ist eine Frage des Trainings. Radfahren ist eine exzellente Aufmerksamkeitsschule. Stundenlang läuft die Straße wie ein Film an einem vorüber, eigentlich kann nichts passieren, und dann öffnet sich plötzlich eine Autotür, rennt ein Hund auf die Straße, ein jäh aufflammender Gedanke hat das Achtsamkeitszentrum für Sekundenbruchteile lahm gelegt, und das Vorderrad berührt bereits die Bordsteinkante ... Uuups ...

In der Gruppe, wo man dicht hintereinander fährt, passiert schneller mal ein Sturz, aber allein ist es monotoner – und damit schwieriger, stundenlang konzentriert zu bleiben. Wenn man stürzt, bemerkt man übrigens, dass man sich in einer anderen Sphäre befunden hat, in einem exaltierten Zustand, für welchen der galoppierende Puls mitverantwortlich ist. Von dem erhöhten in den niedrigeren Zustand zurückzufallen ist eine Ernüchterung. Deshalb springen viele so schnell und mechanisch wieder auf ihr Rad, sie wollen zurück ins soeben verlassene Kontinuum und merken erst später, welche Blessuren sie davongetragen haben.

Auch ohne Sturz bricht immer wieder die so genannte Wirklichkeit in den Trancezustand ein, beispielsweise wenn einer dieser Hochbegabten am Lenkrad hupend an mir vorbeifährt und abwechselnd auf einen Radweg und seine Stirn deutet (es sind erstaunlich viele, die offenbar meinen, ich sollte dort Ausflugsfamilien über den Haufen oder mir wenigstens die Reifen kaputtfahren). Oder wenn ich mich doch mal auf ein Stechen mit einem anderen Radler einlasse. Wenn es nach mir ginge, würde ich die Welt, oder sagen wir zumindest: Bayern, an Sonntagen für Einwohner und Besucher schließen lassen. Sämtliche Straßen zehn Stunden für mich allein! Dahinschießen, ohne auch nur den Kopf heben zu müssen. Kein Gegenverkehr, auf den man achten muss, keine lärmenden Motorradfahrer, keine Abgaswolken an den Steigungen. Himmlische Ruhe und reinste Luft.

Andrerseits: Wer zapft mir dann meine Maß im Biergarten? Und wem soll ich, derweil ich sie leere, auf den Hintern schauen?

Katharsis oder: Sauna-Aufguss von innen

In einer Ästhetik wäre es wohl noch etwas zu früh für ein Katharsis-Kapitel. Nicht aber in einer Philosophie der Passion Radfahren. Es handelt sich nämlich, wie im Vorkapitel angedeutet, um eine permanente Katharsis (im voraristotelischen, auch vorplatonschen Sinne). »Das Feuer wäscht die Seele rein« (Rammstein). Na ja, das ist ein bisschen dick. Auf jeden Fall betreibe ich einen Ausdauersport auch und vor allem wegen seines reinigenden Effekts. Diese Reinigung schließt neben dem Geist, wie beschrieben, selbstverständlich auch den Körper ein, es ist eine semikultische Waschung, die freilich von innen erfolgt. Dazu bedarf es des Schweißes. Unglaublicher Mengen davon. Auch Schwitzen ist ein Segen.

Das war nicht immer so. Als der HERR zu Abraham sprach: Im Schweiße deines Angesichts sollst du dein Brot essen (Genesis 3, 19), wollte er eindeutig eine Strafe aussprechen. Die im Schweiße, das waren allzeit die Rangniederen; Könige und Kalifen pflegten sich nicht unnötig zu bewegen und allenfalls auftretende Transpirationströpfchen fortwedeln zu lassen, es sei denn, man ging zur Jagd. Das hat sich bekanntlich in der allerneuesten Neuzeit, auch Moderne geheißen, etwas gedreht. Mit dem Siegeszug des Sports im Allgemeinen und des so genannten Breiten- oder Massensports im Besonderen erfuhr auch das Schwitzen eine Umwertung.

Dennoch hat der Schweiß sein Stigma längst nicht verloren, was damit zusammenhängt, dass er meist und in verschiedenen Schweregraden stinkt. Vor allem bei Unsportlichen. Die hegen folgerichtig auch die größere Aversion gegen ihn. Der Grad der Sportlichkeit lässt sich bei vielen olfaktorisch feststellen (es gibt Gegenbeispiele). Ohne Schweiß aber keine Katharsis. Radfahren folgt in diesem Sinne sehr konsequent dem Reinheitsgebot. Ich benutze überhaupt keine Geruchskosmetika mehr, selten mal einen Deoroller. Es ist nicht mehr nötig. Ich will damit keineswegs sagen, dass dieser Parfüm-Nonsens überhaupt nötig sei, im Gegentum, mitunter riecht das – in der Regel auch noch weit überdosiert aufgetragene – Zeug viel übler, als der Mensch darunter es im naturbelassenen Zustand je könnte. Ich meine: Will man irgendein Deo riechen, wenn man an einer Frau herumschnuppert? Reinigung bedeutet am Ende auch Reinigung von Kosmetik.

Die Transpiration gehört zu jenen unglaublichen Intelligenzleistungen unseres Körpers, von denen er bekanntlich einige in petto hat. Nicht nur, dass er sich damit bei Temperatur und Laune hält, er säubert sich auch von dem Unrat, den sein Besitzer in ihn einfüllt, um seinem Leben eine gewisse Großartigkeit zu verleihen. Zum Beispiel jenen Alkohol, ohne den der Wein oder auch das gute Augustinerbier wenig munden würden. All die unklaren bis dubiosen Zusätze, die oft sogar in den besten Lebensmitteln zu stecken pflegen. Man schwitzt es einfach aus. Der Effekt ist übrigens *auf der Rolle* oder beim Spinning, wo es keinen Fahrtwind gibt, der einen temperiert, noch größer. Wenn ich Wasser in mich schütte, ist es ungefähr so, als wenn ich es auf eine heiße Herdplatte schütte. Ein inwendiger Sauna-Aufguss sozusagen.

Katharsis eben.

Immanenz
oder:
Vom bergenden Berge

Das Alpha und Omega beim Radfahren ist der Berg. Zwar kann man auf Flachstrecken das Tempo genießen und, wie es unter Radfahrern heißt, *Kilometer schrubben*, und wenn der Wind zu stark von der falschen Seite kommt, tiefsinnige Betrachtungen über die Geschichte der Segelschifffahrt anstellen, aber das wird irgendwann langweilig. In der Lüneburger Heide wäre ich nie dauerhaft aufs Rad gestiegen. Letztlich geht es um den Berg, wie klein er auch sei.

Das hat zunächst einmal den wohl jedermann einleuchtenden Grund, dass eine wenigstens hügelige Landschaft, man denke nur an das Allgäu oder die Toskana, ästhetisch mehr zu bieten hat als eine Tiefebene – vom Hochgebirge gar nicht zu reden (wer jetzt das Meer ins Spiel bringt, verlässt unser Thema). Wenn jemand »Postkartenpanorama« sagt, denkt er eben nicht an Holland. Ein kurviges Streckenprofil beschert ferner nicht nur dem Auge, sondern dem gesamten Körper Abwechslung, es belebt den Puls und lässt die Oberschenkel summen. Aber sie sollen ja brennen. Und der Puls soll nicht bloß belebt werden, sondern galoppieren. Dafür braucht es einen Berg. Wenigstens einen kleinen. Man kann auch einen vergleichsweise kurzen Anstieg so fahren, dass es wehtut. Man muss zum Beispiel nur das große Blatt auflegen. In Ermangelung von Alternativen, die von mir daheim aus binnen weniger Stunden erradelbar wären, klettere ich zuweilen denselben Hügel ein paarmal hintereinander hinauf. Ein richtiges Erlebnis ist das freilich nicht. Zehn Mal hundert Höhenmeter sind nicht dasselbe wie 1000 im Stück. Deshalb sollte es hin und wieder schon eine richtige Passstraße sein.

Von außen betrachtet, steht einem der Berg im Weg. Aber er steht einem in Wirklichkeit ungefähr so im Wege wie ein Festmahl, wie ein Opernabend, wie eine ausgiebige Massage. Es geht darum hinaufzukommen, nicht oben zu sein, ich erwähnte das bereits (es geht ja auch nicht darum, ein Bacchanal hinter sich gebracht zu haben; im Gegenteil herrscht am Ende meist eine sachte Melancholie).

Am Fuße eines Berges fühle ich mich noch forsch. Die Beine laufen gut, und ich will dem Lümmel zeigen, dass er bloß ein Schenkelkitzler ist. Meine Phantasie suggeriert einen Sturmangriff. Aber ein veritabler Hochgebirgspass zieht sich ewig hin. Bei körperlichen Anstrengungen dehnt sich die Zeit (auch wenn das Tempo gar nicht hoch ist; hier irrt Einstein). Grundsätzlich scheint für alle Fahrradfahrer außer Lance Armstrong zu gelten: Man kommt einen Berg immer langsamer hinauf, als man will. Für mich gilt zudem: immer langsamer, als ich vorher dachte. Wirklich immer – egal wie kurz der Anstieg ist. Die Beine werden schwerer, und die innere große Klappe schließt sich verstohlen. Es sind dieselben Beine, die vor kurzem noch geeignet schienen, die Pedale heute mal fröhlicher kreisen zu lassen. Bald fühle ich mich deprimierend unlocker. Die Attacke findet nicht statt, eher eine Art defensives Sich-Voranschieben. Nicht ich beherrsche den Berg, sondern er mich. Ich habe aber auf einmal keine Lust mehr, zwischendurch in den Wiegetritt zu gehen. Besser sitzen bleiben. Und trinken. Während auf dem Höhenmesser die Hunderter vergleichsweise zäh fallen, stellt sich allmählich ein generelles Misstrauen gegen dieses Gerät ein. Mein Kopf beginnt zu glühen wie im Fieber. Ich reiße das Trikot auf. Trinken, trinken, trinken. Noch eine Kurve. Und noch eine. Wie eine Küstenlandschaft, wo hinter jeder Biegung die nächste folgt. Und kein Ende in Sicht. Fern die 2000-Höhenmeter-Marke. Ich komme mir vor wie eine Maus angesichts der majestätischen Bergflanke, in die ich allzu mutwillig hineingefahren bin. Sollte ich vielleicht einen Gang runterschalten? Ist das schon das erste ernsthafte Schwächeln? Treten, treten, treten. Ich habe den Eindruck, dass ich immer langsamer werde. Dass ich zumindest bald immer langsamer werden muss. Jemand hat mir etwas Bremsendes in die Kette geschmiert. Oder kleben die Reifen am heißen Asphalt fest? Mein Fahrrad läuft doch normalerweise viel leichter! Wie lange soll das eigentlich noch gehen? Die Schenkel fühlen sich allmählich an, als seien sie mit Glasscherben gespickt. Mit heißen Glasscherben. Mit glühenden Glasscherben. Eine gewisse Verzweiflung setzt ein. Wo ist der Gipfel? Vielleicht stimmt der Höhenmesser ja nicht? Irgendwoher flüstert es: »Mach doch 'ne Pause! Es sieht ja niemand.« Nein, antwortet mein Ego oder sonst was, Absteigen ist das Allerletzte. Auch wenn es keiner sieht. Die schlechthinnige Schande. Interessanterweise fühlt sich das Bewusstsein der Schwäche viel schlimmer an als die Schwäche selbst. »Denn der Seele ist es eigentümlich, Schmerz zu empfinden, nicht dem Leib« (Augustinus, ›Gottesstaat‹, XXI, 3). Am Anstieg kann sich der Wille bis zuletzt mit den Schmerzen messen, weil einen die so genannte Hangabtriebskraft am Schlafittchen hält. Auf einer Flachstrecke würde ich einfach ein paar Pedalumdrehungen auslassen, wenn es nicht mehr geht; der Anstieg indes duldet keinen Aussetzer. Der nächste Tritt würde doppelt wehtun. Also weitertreten. Einmal endet jede Steigung. Angeblich.

Doch dann geschieht manchmal etwas Merkwürdiges. Der Berg, den ich eben noch hatte überwinden wollen, den ich in gewissem Sinne zum Gegner erklärt habe, nimmt mich – ich weiß nicht, wie ich es anders sagen soll – in sich auf. Der Transzendenz-Vorsatz schlägt um in ein Immanenz-Erlebnis. Der Berg meint es ja gar nicht böse mit mir, ich bin doch das Depperl, das ihn zu schnell oder überhaupt angegangen ist und ihn in seiner Ruhe stören will. Im Hochgebirge begreife ich die Vermessenheit, mich auf dergleichen Auseinandersetzungen einzulassen. Ich werde zugleich entspannt und deprimiert. Entspannt, weil der Berg ohnehin stärker ist. Deprimiert, weil ich schwächer bin. Ein richtiger Berg erteilt immer auch eine Lektion in Demut.

In den Bergen begreift man endgültig, was Radfahren für ein brutaler Sport ist. Kaum eine Verlorenheit kommt dem Zustand gleich, bergauf am Ende seiner Kräfte zu sein. Wenn es keine Minute mehr so weitergehen kann – und dann doch geht. Aber man frage nicht, wie. Es sind existenzielle Erschütterungen. Vor meinem geistigen Auge tauchen auf: der Ohrensessel, das Bett, der Grabstein. Im Bewusstwerden seiner Leistungsgrenzen ahnt der Mensch seine Sterblichkeit. Radfahren im Hochgebirge treibt einem (sofern noch erforderlich) die große Klappe aus. Bezeichnenderweise gibt es in den Peletons der großen Rundfahrten keine Sprücheklopfer wie beispielsweise unter Fußballern. Jeder weiß, wie nah der nächste körperliche Einbruch sein kann.

Dass jeder in extremer Herausgefordertheit bei sich weilt, ist der Grund für die freundliche Stimmung auf den Bergstraßen. Dass einer hier oben überhaupt unterwegs ist, genügt als Entreebillett zur Gemeinschaft. Man grüßt sich (in babylonischer Sprachvielfalt). Man versteht sich. Man weiß, dass es auch für den anderen eine Schinderei ist, egal welches Tempo er (oder sie) anschlägt. Steht einer am Straßenrand, bietet ihm schnell jemand Hilfe an, sei es einen neuen

Schlauch, zu essen, zu trinken, vielleicht auch nur moralischen Beistand. Hier oben gibt es keine Spinner mehr, die sich auf ein paar Kilometer an einen ranhängen, ohne zu fragen, ob das auch erwünscht sei, oder irgendwelche Rennspielchen veranstalten, weil sie sich für eine Viertelstunde fit genug fühlen. Man nimmt oder lässt den Vortritt, sonst nichts. Hier muss man seine Kräfte genau einteilen. Hier herrscht ein gewisser gemeinschaftlicher Ernst. Vor den Bergen sind alle klein.

Zugleich überwältigt einen die Großartigkeit der Gebirgslandschaft, in die man immer tiefer eindringt und über die sich ein heroisch stimmender Himmel spannt. Dieses Vergnügen bleibt freilich nicht ungetrübt. Natürlich waren auch hier oben fast überall die – frei nach Thomas Bernhard – Weltoberflächenverschandler am Werk. So empfängt einen in L'Alpe d'Huez, auf dem angeblich legendärsten Berg der Tour de France mit seinen berühmten 21 Serpentinen- oder Haarnadelkurven, die allesamt nach Etappensiegern benannt sind, DDR-Architektur in knapp 2000 Metern Höhe. Das ist für einen gebürtigen Ostdeutschen insofern verblüffend, als seine angestammte Heimat auf 1214 Metern endete; weiter hinauf reichte der sozialistische Arbeiter- und Bauernstaat nicht. Vor allem die bekannten Etappenzielorte in den Alpen, aber auch viele in den Pyrenäen, ob nun L'Alpe d'Huez, Les Deux Alpes oder Luz-Ardiden, sind eigentlich Skistationen – also Plätze, die kein kultivierter Mensch aufsucht – und sehen im Sommer noch trostloser aus als im Winter. Keiner dieser Holzwege rechtfertigt den Aufwand, den man getrieben hat, um an sein Ende zu kommen. Aber das Ende war ja auch nicht das Ziel.

Passstraßen sind in der Regel reizvoller, wenngleich oft stärker von Autos befahren, die einem die schöne Höhenluft verderben. Ein Pass verbindet bekanntlich, er endet nicht in künstlichen Städten zwischen sommers gespenstisch leeren, hässlichen Hotelbunkern, sondern führt über den Bergrücken auf der anderen Seite wieder hinunter. Ein Pass bedeutet außerdem immer zwei Anstiege, weil man ihn von beiden Richtungen fahren kann. Es gibt sehr schöne Pässe. Den Col de Madeleine zum Beispiel mit seinem endlosen, irisch grünen Wiesenteppich und dem Dauerausblick auf den Mont Blanc. Oder den Col du Galibier, mit 2664 Metern der höchste Punkt, den ich bislang erradelt habe. Als ich mich die letzten 500 Höhenmeter zum Gipfel hinaufschraubte, quasi an der Wand eines ausladenden, teilweise noch schneebedeckten Hochtals entlang, auf der einen Seite die Felswand, auf der anderen den Abhang, hatte ich minutenlang Begeisterungstränen in den Augen. Eine Art Glückskoller. Es fehlte nur noch die passende Musik. Wie ein kleiner Käfer krabbelte ich an der Bergflanke entlang. In solchen Momenten leuchtet einem ein, warum Indianer zum Sterben auf Berge gingen. Ein fettes und vor mir erschreckt flüchtendes Murmeltier war der einzige Zeuge meiner emotionalen Aufwallung.

Tja, und dann sieht man den Gipfel, jagt den Puls noch mal ans Limit, und die mühsam erstrampelte potenzielle Energie verrauscht auf der Abfahrt in ernüchternder Schnelligkeit …

Wie gesagt, die Berge pauken einem Bescheidenheit ein. Mein erster Berg der *Hors Catégorie* war L'Alpe d'Huez, ich fuhr zusammen mit einem Bekannten, und wir begingen alle Fehler, die man nur begehen kann. Ich hatte mich erkältet, weshalb wir am Vortag nicht Rad gefahren waren, sondern stattdessen mit der Seilbahn von La Grave auf den gegenüberliegenden Gletscher. Beim Rückweg waren wir an der Seilbahn-Umsteigestation freilich auf die närrische Idee gekommen, zu Fuß weiterzugehen, von oben sah die Strecke einfach aus, aber es waren bestimmt noch über tausend Höhenmeter, wir verliefen uns permanent, und am Morgen ergänzten prachtvoll übersäuerte Oberschenkel die keineswegs abgeklungene Erkältung. Wir fuhren mit dem Auto unbeabsichtigt bis direkt zum Fuß des Anstiegs, das heißt, wir nahmen ihn unaufgewärmt in Angriff, und als wir ungefähr nach der dritten Kurve bemerkten, dass es tatsächlich schon der Anstieg war und die Strecke nicht mehr flacher werden würde, war es längst zu spät. Man sollte sich halt über das Streckenprofil vorher informieren. L'Alpe d'Huez ist ohnehin schwer, unter diesen Umständen war es eine Marter. Ich pendelte mich bei etwa zehn Stundenkilometern ein und meinte trotzdem, mir würden die Schenkel platzen. Als es im oberen Drittel flacher wurde, hatte ich keine Kraft mehr, um höher zu schalten. Ich schämte mich so sehr, dass ich unmittelbar vor dem Ort kehrtmachte; ich glaubte, man würde mir meine miserable Zeit gewissermaßen auf der Stirn ansehen …

Erlebnis hin, Wohlbefinden her, bei der Erstürmung von Bergen bleibt ein Nonsens-Aspekt immer übrig. Es gibt nämlich strenggenommen keinen Grund, auf einen Berg zu klettern oder einen Pass mit dem Fahrrad zu befahren. Die frühen britischen Alpinisten waren sich dessen noch deutlich bewusst. Bergsteigen galt ihnen als steiler Jux. Wenn jemand auf einen Berg kletterte, am besten noch unter Lebensgefahr, war das ungefähr, als wenn er einen guten Witz machte. In unserer brachialhedonistischen Zeit genügt die Erklärung, dass etwas gut tut, und man kann mit allgemeiner Akzeptanz jenseits aller Sinnfragen rechnen. Ich lege Wert auf beide Aspekte: Bergauffahren ist ein Nonsens, der wahnsinnig gut tut.

In seinem Essay ›Der Mythos des Sisyphos‹ fragte Albert

Camus: »Denn was ist der absurde Mensch wirklich?« und antwortete gleich selber: »Derjenige, der nichts für die Ewigkeit tut und es nicht leugnet.« Ich bin mir nicht ganz sicher, was der wackere Franzose damit meint – welcher Mensch täte denn etwas für die Ewigkeit? –, zitiere den Passus aber dennoch zustimmend, weil insbesondere der bergauf ächzende Passionsradfahrer erstens die Sisyphos-Metapher fast automatisch hervorruft und zweitens auf besonders exzessive Weise nichts für die Ewigkeit tut. Der nichtprofessionelle Hochgebirgsbergaufradfahrer sei hiermit zum absurden Menschen par excellence erklärt (die Profis fallen aus dem Raster, weil sie für Geld fahren – kann sich jemand Sisyphos als Gehaltsempfänger vorstellen?).

Camus' Text endet mit den berühmten Sätzen: »Der Kampf gegen den Gipfel vermag ein Menschenherz auszufüllen. Wir müssen uns Sisyphos als einen glücklichen Menschen vorstellen.« Was den armen Erzschelm und Marmorwälzer angeht, so muss Camus diese Frage mit ihm im Hades klären – auf unseren Radfahrer träfe diese Feststellung zu. Dessen Herz füllt der Kampf gegen den Gipfel so ausgiebig mit Blut und sein gequälter kluger Körper schüttet so viel Endorphin aus, dass er sich tatsächlich zeitweise als glücklicher Mensch fühlt. Und in einem kurzen klaren Moment verflechten sich Wollust und Schmerz möglicherweise zu der sachdienlichen Erkenntnis, dass »Glück und Absurdität« – zum letzten Mal Camus – »untrennbar« sind.

Fassen wir zusammen: Radfahren wird grüblerischen Naturen die Frage nach dem Sinn des Lebens nicht beantworten, aber stundenweise beglückend von ihr wegführen. Man könnte sich vernünftigeren Tätigkeiten widmen, als eine Passstraße hinaufzufahren. Aber kaum herzausfüllend-hinreißenderen.

Kulinarisches
oder:
Der Flagellant als Schlaraffe

Es soll ja Leute geben, die ihre infolge von Sport entstehenden Hunger- und Durstgefühle mit dressingfreien Salatbergen und Wasser bekämpfen. Andere trinken alkoholfreies Bier (wegen der Mineralien). Von einem in Übersee schauspielernden Ex-Bodybuilder, den ich ansonsten durchaus komisch finde, hörte ich einmal die barbarischen Worte, abends esse er »höchstens noch ein paar Peptide«. Das tat mir aufrichtig leid für ihn.

An dieser Stelle sei der einzige Merksatz eingeschaltet, den Sie von mir hören werden, nämlich: *Wer sich nach einer ausgiebigen Trainingstour den lukullischen Wonnen verschließt, ist – sofern er nicht mit Radfahren sein Geld verdienen muss – ein Idiot.*

Mich, der ich auf diesen Seiten dankenswerterweise das Maß der Dinge bin, erfasst des Abends nach getaner Müh ein nicht anders als soghaft zu nennender Weindurst, dem sich meistens ein gargantuesker Appetit erfreulich beigesellt. Mit schwermütiger Wildheit rücke ich dem Trainingseffekt zuleibe und mache ihn zuschanden. Nicht dass ich ein Mensch wäre, der zur Erzeugung von Appetit enormer körperlicher Anstrengungen bedürfte, doch es ist immer wieder interessant, zu welchen Kalorienvernichtungen man fähig ist, wenn vorher ein paar tausend derselben den Pedalen dauerhaft anvertraut wurden. Im Mahl rundet sich der gute Tag zum gelungenen. Damit ich bei Tische meinen Mann stehe, treibe ich Sport – und umgekehrt. Tagsüber Flagellant – abends Schlaraffe. Je zäher der eine, desto enthemmter der andere. Es handelt sich, mit einer Formulierung Heraklits, um eine *gegenstrebige Fügung*.

Der kulinarische Aspekt ist aber hiermit noch nicht ausgereizt. Man kann nämlich nicht nur *nach* dem Radfahren ausgiebig essen und trinken, sondern auch *während* der Fahrt. Ist die Tour länger als 100 Kilometer, muss man sogar essen, sonst versagen früher oder später die Beine. Besonders die Profis schlingen kolossale Mengen in sich, um die zehrenden Rennen durchzustehen – Mengen, die der Körper mit einer Mahlzeit gar nicht aufnehmen kann, weshalb es unterwegs regelmäßig Futterstellen gibt. Und die armen Kerle tragen keinerlei Reserven mit sich herum.

Diese Kohlehydrat-Stopferei hat mit Genuss nichts zu tun, aber dafür sind es halt Profis. Hier geht es um die Parallelität von Essen und Fahren. Der engagierte Freizeitradfahrer sollte sich nicht der Erkenntnis versagen, dass sein Sport nahezu der einzige ist, den man im unmittelbaren Anschluss an, sagen wir mal, eine Dorade und eine Flasche Pinot bianco betreiben kann. Oder, um die Latte etwas höher zu legen: im Anschluss an eine Schweinshaxe und zwei Maß Bier. Möglichst in der Sonne verputzt. Danach kann man kaum noch gehen. Aber Radfahren schon. Auf jeden Fall, wenn man halbwegs trainiert ist.

Es gibt meines Wissens nur einen Wettbewerb, der Sport und Kulinarisches miteinander verbindet: der *Marathon du Médoc*. Er führt über die klassische Distanz durchs Bordelais. Start und Ziel sind in Pauillac, und die Läufer passieren die berühmten Bordeaux-Chateaux, wo ihnen Wein angeboten wird, in der Regel roter, dazu Käse, Wurst, Kuchen und dergleichen mehr. Es gibt mehr als 20 solcher Versorgungsstellen an der Strecke, überall läuft Live-Musik, zwischen den Rebstöcken spielen Rockbands und Folkloregruppen. Bei Kilometer 40, kurz vor dem Ziel, wird Weißwein verabreicht, dazu gibt es Austern, so viele man will beziehungsweise kann. Und selbstverständlich folgt ein Abschlussmahl. Das Ganze ist ein Fest des Lebens, seiner Zumutungen wie seiner Genüsse. Es ist etwas anderes als der sture Nur-Sport, aber keineswegs leichter zu bewältigen. Die Teilnehmer werden von diesem Triathlon aus Essen, Trinken und Laufen aufs Äußerste strapaziert, sofern sie sich wirklich darauf einlassen und nicht einfach Wasser trinkend durchlaufen. Der Wein dürfte nicht das Problem sein, aber wenn ich an das parallele Essen denke, bekomme ich Sodbrennen. Ich weiß nicht, wie das funktionieren soll, beim Laufen wird der Magen doch permanent durchgeschüttelt, so dass zwangsläufig Säure austritt, und ich vermute mal, dass die meisten kaum etwas essen und sich mehr am Wein gütlich tun.

Anders verhält es sich auf dem Rad. Man sitzt, wenn man will, fahrend zu Tische und hält den Oberkörper verdauungsförderlich still. Die energiehungrigen Beine fordern kontinuierlich Nachschub, das heißt, mit Stockungen infolge mangelhaften Endverbrauchs ist nicht zu rechnen. Auf dem Rad kann jeder zu sich nehmen, wie viel und was er will. Und trinken sowieso. Alle Rennveranstalter können sich diese Version ja mal durch den Kopf gehen lassen.

Der kausale Zusammenhang von Ausdauersport und Alkoholkonsum ist bestürzend unerforscht. Es gibt Gerüchte von früheren Frankreich-Rundfahrten, denen zufolge sich manche Fahrer vor einem schweren Berg schnell noch eine halbe Flasche Wein oder sogar Cognac einverleibt haben sollen, als eine Art Doping, damit die Qualen erträglicher wurden. Das machte sie gewiss nicht schneller, aber schmerzresistenter. Vor einiger Zeit habe ich das nicht geglaubt – man reduziert schließlich sein Leistungsvermögen damit. Inzwischen bin ich mir nicht mehr sicher. Ich kann ganz gut fahren auf Alkohol. Irgendwie sind die Grenzen dann anders abgesteckt, die Schinderei fühlt sich anders an, sie scheint sich von der Muskulatur auf den Kreislauf zu verlagern. Ich habe das noch nicht restlos ausgetestet, weil es zum Trinken und zum Fahren unter Alkohol der entsprechenden Gesellschaft bedarf und die selten zu finden ist. *Das* macht man nun wirklich nicht allein. Man braucht einen Mitstreiter, dem es eine ähnliche Gaudi bereitet, gewisse Vernunftschranken zu brechen, und der mit der schönen Gabe des Galgenhumors gesegnet ist. Solche Typen sind aber rar. Ein stramm in Limitnähe durchgefahrener Tagestrip von Biergarten zu Biergarten, bei glühender Sonne, mit einem leistungsbereitgleichdurstigen Verrückten an der Seite, ist jedenfalls ein Vergnügen höherer Ordnung und einer der Anlässe, für die man sich letztlich den Helm gekauft hat. Da man sich auf dem Rad zwischendurch immer wieder *die Kante gibt*, ist es andrerseits kaum möglich, richtig betrunken zu werden. Die Kondition entscheidet nicht nur, wie weit und schnell, sondern auch, wie oft man zwischendurch an die Boxen fährt.

Manche werden die Hände über dem Kopf zusammenschlagen und ausrufen: Was für eine Belastung für den Kreislauf!

Ja, eben.

Nicht verschweigen will ich ferner meine ausgezeichneten Erfahrungen mit der Kater-Bekämpfung. Wenn ich es am Vorabend übertrieben habe mit dem Wein und am nächsten Tag zu wirklich nichts in der Lage bin, wenn der Kopf nicht denken und der Magen nichts verdauen mag – Radfahren funktioniert komischerweise immer. Und zwar nicht viel mühevoller als sonst. Mir fällt es jedenfalls an manchen Tagen weit schwerer, aus dem Bett zu steigen als danach aufs Rad. Ich kann auch keine übermäßigen Leistungseinbußen feststellen. Schon nach einer Stunde intensiven Tretens und Transpirierens spüre ich fast nichts mehr von den im Vorabend gegründeten Stoffwechsel-Maläsen. Wenig später wankt der morgendliche Schwur, heute definitiv keinen Alkohol zu trinken. Alsbald naht neuer Durst auf Taubenfüßen, ernsthafter Durst, nicht jener, der sich mit Wasser zufrieden gibt. Spätestens beim Duschen sind die Vorsätze gefallen.

Ausdauersport auf einem soliden Mittelklasseniveau ist überhaupt kein Hindernis für die Liebe zum Trunk, im Gegenteil, eher eine gute Voraussetzung. Der Körper ist gereinigt, das schlechte Gewissen verschwunden, also kann man ausgiebig tafeln und zechen. Am nächsten Tag ist automatisch der Stachel da, der einen aufs Rad treibt. Und so weiter. Nun danket alle Gott.

Zweierlei Limit oder: Die Kritik des reinen Pedaltretens

»Der trainierte Leser ist ein Langläufer durch Texte«, notiert der Karlsruher Philosoph und Kulturtheoretiker Peter Sloterdijk und bezeichnet professionelles Lesen als ein »Zeilenrennen«. Inhaltlich völlig folgenlos lässt sich der *Läufer* in einen *Fahrer* transformieren, womit wir bei der inneren Verwandtschaft zwischen Radfahren und dem Lesen beziehungsweise Verfassen komplizierter Texte vor dem Horizont des Leistungslimits wären. Ein Text hat eine Länge, ein Streckenprofil, einen Schweregrad, und jeder Leser benötigt zu seiner Bewältigung einen individuellen Zeit- und Energieaufwand. Man kann durch Lesen den Kopf bilden wie durch Sport den Körper. Man kann schließlich ein trainierter Leser und/oder ein trainierter Radfahrer werden. Und da fängt der Vergleich an, interessant zu werden, denn nun verlässt man die Flachetappen der Allerwelts-Belletristik und begibt sich auf anspruchsvolleres Terrain. Ab einem bestimmten Abstraktionsniveau eignet Texten eine spezifische Serpentinität; das Befahren von anspruchsvollen Gebirgspässen entspricht in gewissem Sinne der Lektüre von anspruchsvollen Texten. Ich habe – die Gleichungen der relativistischen Physik hin, Gebrauchsanweisungen japanischer Elektrogeräte her – vor allem philosophische Texte im Sinn, von denen einige bekanntlich zu den schwierigsten Parcours gehören, auf welchen sich das menschliche Gehirn überhaupt verausgaben und voranarbeiten kann. Es ist ein erhebendes Gefühl, wenn man dem Autor trotzdem zu folgen vermag, man genießt den Höhenzuwachs und die Aussicht ins Tal, hört gewissermaßen die Kuhglocken aus dem Tiefland, spürt aber mitunter auch die dünner werdende Luft und kann in Atemnot bis zur völligen Schwäche geraten. Auch in dieser Sphäre hängt es von der Tagesform ab, wie weit oder wie schnell man vorankommt. Irgendwann ist das Hirn »übersäuert«, und es geht einfach nicht mehr weiter.

Das Gehirn ist sozusagen ein Denkmuskel, und Autoren wie Kant, Hegel oder Heidegger oder meinethalben auch Niklas Luhmann sind wahlweise Hochgebirgszüge oder vortreffliche Ergometer. Leser, die sich solchen Autoren erstmals und unvorbereitet nähern, machen dieselben deprimierenden Erfahrungen wie Radfahrer, die sich erstmals und unvorbereitet ins Gebirge wagen – Naturtalente jeweils ausgenommen. In seiner Erzählung ›Die Verwirrungen des Zöglings Törleß‹ beschreibt Robert Musil eine hirnathletische Überforderung, die mit unserem Thema zu tun hat. Es handelt sich um die Lektüre der ›Kritik der reinen Vernunft‹, sozusagen den Anstieg hinauf zum Col du Transzendental, dem höchsten Berg im Immanuel-Kant-Massiv, wovon der Reporter Musil folgendermaßen zu berichten weiß: »... wenn er (also Törleß – d. Verf.) gewissenhaft mit den Augen den Sätzen folgte, war ihm, als drehe eine alte, knöcherne Hand ihm das Gehirn in Schraubenwindungen aus dem Kopfe. Als er nach etwa einer halben Stunde erschöpft aufhörte, war er nur bis zur zweiten Seite gelangt, und Schweiß stand auf seiner Stirn. Aber dann biß er die Zähne aufeinander und las nochmals eine Seite weiter ...«

Davon abgesehen, dass geistige Anstrengung nach meiner Beobachtung nie wirklich zu Schweißausbrüchen führt, handelt es sich bei der ›Kritik der reinen Vernunft‹, in die Radfahrsprache übersetzt, um, sagen wir mal, den Mont Ventoux der Philosophie (ein insofern passendes Gleichnis, als der Herrgott diesen kahlen Buckel in eine der kulinarisch reizvollsten Regionen der Welt stellte, als welche ich Kants Gesamtwerk ansonsten durchaus betrachte), eine begriffliche Mondlandschaft, auf welcher einem der Mistral der transzendentalen Dialektik entgegenbläst. Es gibt in Kants Opus Stellen, wo ich sozusagen vom Rad steigen und schieben muss (wer jetzt selbstzufrieden grinst, sollte es innerhalb einer Stunde hinauf nach L'Alpe d'Huez schaffen). Dasselbe gilt für Passagen aus Heideggers ›Sein und Zeit‹ oder Hegels ›Phänomenologie des Geistes‹, um nur zwei *Hors-Catégorie*-Texte zu nennen, die einen ebenso ans geistige Leistungslimit führen können wie gewisse Pässe ans körperliche. Ich spüre zunächst eine gewisse Ermüdung, ein Mich-nicht-mehr-konzentrieren-Können, trotz aller Anstrengung, das dem allmählichen Nicht-mehr-die-Pedale-treten-Können durchaus entspricht. Und je höher es hinauf geht in die vegetationslose Kahlheit der Abstraktion, je stärker die Steigung zunimmt, desto mehr schwinden die Kräfte, bis ich nicht mehr mitkomme, abgehängt werde, aufgeben muss. Und da Kant, Hegel, Heidegger, um bei meinen drei Beispielen zu bleiben, diese Gedanken im Gegensatz zu mir nicht bloß nachvollziehen müssen, sondern sie selber als Erste gedacht, geordnet und zu Papier gebracht haben, komme ich mir ihnen gegenüber ungefähr so vor wie einem gewissen Herrn Armstrong gegenüber auf dem Rad.

Tanzstunde oder: Wie man stehend vorankommt

An dieser Stelle ist eine Art Geständnis fällig, nämlich dass ich die Hälfte meiner jährlichen Kilometer *auf der Rolle* fahre, *indoor*, wie es neudummdeutsch heißt. Also in geschlossenen Räumen, ohne mich einen Millimeter vom Fleck zu bewegen. Entweder daheim oder auf diversen Spinning-Rädern. Das kommt anscheinend einem Bekenntnis zur Idiotie gleich. Wie, fragt sich der Zurechnungsfähige mit allen wahren und guten Gründen, kann sich jemand stundenlang auf einem stationären Veloziped verlustieren, auf keinem Fahrrad, sondern einem Stehrad, ohne erhebliche Zweifel an seinem Geisteszustand auf sich zu ziehen?

Gemach. Es gibt Mittel und Wege, auch dieser Beschäftigung ihr schwachsinnsrelevantes Gepräge zu nehmen.

Zunächst einmal offeriert sich der Unterschied zwischen Passion und Profession am deutlichsten in der jeweils zur Verfügung stehenden Zeit. Ein anderweitig berufstätiger Mensch kann nicht jeden Tag vier, fünf Stunden mit dem Rad ins Grüne beziehungsweise Blaue fahren. Ich muss *meine Kilometer* in kürzerer Zeit mittags im Studio oder auch mal abends daheim *schrubben*, denn es würde viel zu lange dauern, aus der Stadt herauszukommen. Ich habe das Glück, ein Spinning-Studio für mich allein nutzen zu können, weil mittags dort nie jemand trainiert. Auf das kollektive Geschrei und Gestampfe einer Gruppe kann ich gern verzichten; außerdem mag ich mir weder von jemandem den Sauerstoff wegatmen noch irgendwelche Anweisungen erteilen lassen, beispielsweise wann ich mich aus dem Sattel erheben möge. Von den begleitmusikalischen und olfaktorischen Zumutungen mal ganz zu schweigen.

Ich deponiere also die Fernbedienung für den CD-Player sowie ausreichend Wasser in Griffweite und reiße die Fenster auf. Letzteres auch im Winter – man muss sich halt dementsprechend anziehen –, wenn im Fitnessstudio eine Treppe tiefer aus zwar erklärlichen, aber unverständlichen Gründen sommerlich gekleidete Damen alle Fenster verrammeln. Warmfahren und Ausrollen lassen sich praktisch mit der Zeitungslektüre verbinden, wobei die Gazetten, nach Erstgebrauch unters und rund ums Rad gelegt, hervorragende Dienste als Schweißaufsauger verrichten. Selbstverständlich geschieht das Prozedere vor einer Spiegelwand, was einem die seltene Gelegenheit gibt, seine Haltung zu kontrollieren oder zweifelnd bis selbstverliebt mit seinem Alter Ego zu kosen.

Das letztlich alles entscheidende Problem besteht in der Musikauswahl. Spinning ohne Musik – beziehungsweise ohne Hörbuch – wäre nun wirklich viel zu langweilig. Die Musik ist der Treiber; sie muss ersetzen, was an realer Strecke fehlt. Sie bestimmt Rhythmus, Tempo, Schweregrad, ob man aus dem Sattel geht und so fort, sie fingiert sozusagen ein Streckenprofil. Dessen Gestaltung möchte ich selber in der Hand haben. Ich kann mich nicht zwei Stunden auf ein stationäres Fahrrad setzen und fremder Leute Musik hören. Ich kann mich nicht mal zwei Stunden auf ein Sofa setzen und fremder Leute Musik hören. Kurzum: Auch in diesem Fall empfinde ich Gesellschaft eher als störend. Es sei denn, sie unterwürfe sich meinem akustischen Streckendiktat.

Das kann beispielsweise so aussehen, dass auf Bruckner

Radiohead folgt und zum Abschluss Rammstein. Also eine Bergankunft. Bei dieser Kombination sind schon einige virtuelle Höhenmeter drin; dem Quadrizeps ist es ja egal, ob sich das Rad bewegt. Tags darauf könnte dann die ›Odyssee‹ folgen, vorgelesen von Thomas Holtzmann. Voß'sche Übersetzung. Hexameter vertragen sich gut mit Spinning. Den XXII. Gesang – das ist der, wo es den Freiern an den Kragen geht – komplett im Stehen. Unter diesem Aspekt sollte ich's vielleicht mal mit Ernst Jüngers ›Marmorklippen‹ versuchen (die ›Stahlgewitter‹ gibt's leider nicht als Hörbuch). Proust dagegen wäre wohl eher unpassend. Aber das ist Geschmackssache.

Mir kommen beim Training auch oft Ideen für meine Bücher und journalistischen Etüden, die ich mir dann, stets von Neuem überrascht und deshalb nichts zum Schreiben bei mir habend, per Handy auf die Mailbox quatsche. Was ich eben in Sachen Stumpfsinn sagte, lässt sich also auf diesem Wege etwas relativieren. Sprich: kultivieren. Ich habe zum Beispiel sehr viele Opern *auf der Rolle* kennen und schätzen gelernt. Wer will, kann bei dieser Gelegenheit auch einen Sprachkurs absolvieren oder die Mythologie der alten Ägypter auswendig lernen (das sind dann natürlich eher Flachetappen). Der Hörbuchmarkt hat in den vergangenen Jahren quantitativ und auch qualitativ enorm zugelegt. Nahezu alle so genannten großen Romane der Weltliteratur sind zu haben. ›Moby Dick‹ oder ›Don Quijote‹ passen von ihrem Vergeblichkeits-Sujet her gut zum Pedalieren, und auch Lyrik vermag ihre suggestive Kraft bei dieser Gelegenheit verblüffend zu entfalten. Erwähnte ich schon Rolf Boysens wunderbar martialischen ›Ilias‹-Vortrag? Da wandert die Hand schon mal zum Widerstandsregler.

Das tut sie freilich weit wahrscheinlicher bei Pop-Musik

im allerweitesten Sinne, also Musik mit E-Gitarren und Schlagzeug. Was ein Kerl ist, der scheut nicht einmal vor Britney Spears zurück (deren notorischer Arschwackelrhythmus übrigens erstaunlich Spinning-kompatibel ist), indes eignet sich nach meiner Erfahrung, neben den hiesigen Lärmanimateuren von Rammstein, am besten so genannter Brit-Pop. Bands wie Radiohead, Pulp, Muse, Placebo, Blur, bei denen es richtig abgeht und die Beine einfach mitgerissen werden. ›Karma Police‹ von Radiohead oder ›Slave to the Wage‹ von Placebo sind solche Titel, auch das gute alte ›Summer '68‹ von Pink Floyd (oder ›Radioaktivität‹ von Kraftwerk!), wo zumindest ich mich schon mal aus schierer Begeisterung in einen Zimmerspringbrunnen verwandle, der ja bekanntlich auch nicht von der Stelle kommt.

Unvermeidlich läuft's darauf hinaus: Hier nun also meine Top Ten der Spinning-bergetappentauglichen CD's (ein bisschen Nutzwert soll ja auch sein):

1. Placebo:
   ›Placebo‹
2. Radiohead:
   ›O. K. Computer‹
3. Pulp:
   ›This is Hardcore‹
4. Rammstein:
   ›Herzeleid‹
5. Rammstein:
   ›Mutter‹
6. Pink Floyd:
   ›The Division Bell‹
7. Smashing Pumpkins:
   ›Adore‹
8. Placebo:
   ›Black Market Music‹
9. Smashing Pumpkins:
   ›Greatest Hits (Rotten Apples)‹
10. Rammstein:
   ›Reise, Reise‹

Ursprünglich hatte ich Led Zeppelin: ›Remasters‹ (speziell wegen ›Kashmir‹!) auf Platz 10, auch Pink Floyds ›The Wall‹ wäre als bewährter Stimulus angezeigt gewesen, aber Rammsteins Neueste hat sich hineingedrängt, vor allem wegen der ›Erlkönig‹-Variante ›Dalai Lama‹ und des schwärmerischen ›Ohne dich‹, das auch textlich den Anforderungen einer Alpenpass-Imitation gewachsen ist (»Auf den Ästen, in den Gräben/Ist es nun still und ohne Leben/Und das Atmen fällt mir ach so schwer/Weh mir, oh weh/Und die Vögel singen nicht mehr«)*.

Ein Klassik-Ranking werde ich mir verkneifen. Ja, klar: Ravels ›Bolero‹, Liszts ›Les Preludes‹. Dass Bruckner funktioniert, deutete ich an. Am besten für die Simulation langer, moderater, dennoch rauschrelevanter Steigungen. Das Scherzo aus der Neunten taugt wiederum für einen kurzen, giftigen Anstieg. Gustav Mahler? Vor allem die Sechste, das komplette Andante im Wiegetritt. Die Kopfsätze der Zweiten, Dritten und Fünften. Wer hier so etwas wie einen ästhetischen Würgereiz empfindet, muss sich fragen lassen, ob es viel stilvoller ist, sich Bruckner oder Mahler daheim auf dem Sofa reinzuziehen und dazu Champagner zu trinken oder Erdnüsse zu essen. Mahler war bekanntlich durchaus körperlich gesinnt, ein strammer Marschierer und guter Schwimmer, vielleicht hätte es ihn amüsiert, dass jemand seine Märsche auf dem Fahrrad mittritt. Mozart zum Beispiel hätte mit Sicherheit nichts dagegen gehabt, dass man seine Sinfonien und Klavierkonzerte als Motivation zu körperlicher Anstrengung, welcher Art auch immer, einsetzt. Ich finde es letztlich auch angemessener, mit einer guten Flasche Rotwein, das Libretto oder die Partitur auf dem Schoß, einer Aufnahme zu folgen. Nur eben nicht ausschließlich.

* *Mit nur geringer hermeneutischer Kühnheit lässt sich der Kehrreim zudem als innerer Jan-Ullrich-Monolog in Richtung Lance Armstrong interpretieren: »Ohne dich kann ich nicht sein/Mit dir bin ich auch allein/Ohne dich zähl ich die Stunden/Mit dir stehen die Sekunden«.*

Bei Opern bestimmt logischerweise die dramatische Situation den Widerstand. Beim dritten Akt von Cherubinis ›Medea‹ oder dem ›Siegfried‹-Finale ist ein 170er Puls drin. Auch die guten alten Tanten ›Turandot‹ und ›Aida‹ (übrigens zwei der größten Kunstwerke aller Zeiten und Völker) bieten erhebliche Steig(er)ungen. Na, und die Gelegenheit, im dritten Akt mit Tristan mitzusterben, sollten sich Empathie-Muffel wie eben beispielsweise ich nicht entgehen lassen.

Eine beachtliche Fülle Spinning-kompatibler Werke stammt übrigens von Philipp Glass, dessen repetitive Musik ohnehin auf rhythmische Suggestion und Trance-Erzeugung zielt. Ich glaube, es war bei ›Satyagraha‹, als ich plötzlich kapierte, warum die Neger beziehungsweise Schwarzen beziehungsweise Afroamerikaner, warum die Mohren also in ihren Kirchen tanzen. Dass ansonsten beinahe alle Welt beim Gottesdienst (oder in der Oper) still sitzt, mag eine gewisse formelle Notwendigkeit für sich haben, ist jedoch möglicherweise im spiritualitätsgenerierenden Sinne falsch. Es gibt ja auch *Power-Meditation.* Warum soll nicht zugleich mit der seelischen die körperliche Erhitzung forciert werden (oder umgekehrt)?

Spinning, recht betrieben, führt in einen solchen erhöhten Zustand, zumal es sich vom Fahren draußen dadurch unterscheidet, dass man nicht auf die Strecke achten muss. Das heißt, man kann sich dem Entrücktsein hingeben, ohne dass Gegenverkehr auftaucht, die Straße schlechter wird oder das Wetter sich ändert. *Spinning ist Tanzen.* Und an guten Tagen, mit der passenden Musik, auch ein bisschen Gottesdienst.

Durchgängerei
oder:
Das erste Fahrrad

»Das Fahrrad ist das sehnsüchtig erwartete erste Transportmittel all jener von uns, deren Herzen gerne mit ihnen durchgehen. Unser erstes Fahrrad ist eine Sache der über Bordsteine springenden und durch Pfützen platschenden Befreiung; ein Fahrrad bedeutet Freiheit von Beaufsichtigung, von Fahrgemeinschaften und elterlichen Ausgangssperren.« Also sprach Lance Armstrong, bekanntlich ein Durchgänger der planetarischen Extraklasse.

Nun dürfte es in unserem Weltteil kaum einen gesunden Menschen geben, der nicht als Kind Fahrrad gefahren ist und dem also die von Armstrong beschriebene Befreiung nicht zuteil wurde – aber nur vergleichsweise wenigen davon brennen die Herzen dauerhaft pedalvermittelt durch. Ihre Befreiung bleibt eine zeitlich beschränkte, beziehungsweise sie setzt sich auf benzinbetriebenen Fluchtfahrzeugen fort, die hier nicht zur Debatte stehen. Ich muss einer der unbefreitesten Typen gewesen sein, denn ich habe als Kind nie ein Fahrrad besessen und mir mein erstes mit 23 Jahren gekauft. Es handelte sich um ein gebrauchtes Vehikel zweifelhafter Qualität, das mich 50 Mark der DDR gekostet hat und das ich ein paar Tage später komplett zu Schrott fuhr. Mit Anfang dreißig erwarb ich mein erstes fabrikneues Velo, ein Fünfgang-Nabenschaltung-Altherrenrad, auf dem man aufrecht saß, mit flatternden Sakkoschößen, und noch immer kam ich im Traum nicht auf die Idee, dass ich mit einem Gefährt dieses

Bauprinzips irgendwelche Berge erklimmen könne. Ja, ich kam nicht einmal auf den Gedanken, dass so etwas wie ein inniges Verhältnis zwischen mir und diesem rollenden Ding möglich sei.

Warum ich das erzähle? Weil mich bei diesen Reminiszenzen plötzlich die Erinnerung überfällt und Bilder zutage fördert, die mir seit vielen Jahren nicht mehr in den Sinn gekommen sind. Es stimmt ja *so* gar nicht, ich muss doch vorher irgendwie Radfahren gelernt haben …

Wie konnte ich es bloß vergessen, mein erstes Fahrrad!

Es war strenggenommen nicht meins, sondern gehörte meiner Großmutter: ein grünes Damenfahrrad, mit einem auf Stahlfedern ruhenden, niedrig gestellten Ledersattel (aber was hieß für einen Knirps wie mich niedrig?), an dessen Lenker Oma immer ihre Einkaufsbeutel hängte, wenn sie ins Dorf fuhr, mit Rücktritt und selbstredend ohne Gangschaltung. Ich bin mir nicht sicher, ob es sich um ein bereits sozialistisches oder noch nationalsozialistisches Fabrikat handelte. Wie auch immer, Großmama brauchte es nicht allzu oft, und ich nahm es in Beschlag. Auf diesem grünen Monstrum, entlang irgendwelcher Sand- und Feldwege, lernte ich, wie man zweirädrig die Balance hält, während mein älterer Bruder gleichzeitig dieselbe Übung mit Opas Moped durchzog.

Meine Großeltern besaßen einen kleinen Bauernhof in der Nähe von Meißen (bei Dresden). Gehöft und Garten waren ein Schlauch, der sich von der Dorfstraße hinunter an die Elbwiesen zog. Während diese Seite flach und landwirtschaftlich genutzt dalag, stieg das gegenüberliegende Ufer an, und exakt dem Grundstück meiner Großeltern gegenüber thronte auf dem bewaldeten Höhenrücken die Burg Scharfenberg.

Meter für Meter und irgendwann auch Kilometer stahl ich mich auf Omas Rad davon, und irgendwann schloss mein Aktionsradius auch Scharfenberg ein. Die Elbe bei Dresden war damals eine schwarze, stinkende Brühe, in der nichts lebte und vor der ich mich gruselte, ein wahrer Unterweltstrom. Ein paar Meter vom Garten meiner Großeltern entfernt führte ein Weg zur Fähre. Ich hatte ein paar Mal mit meinem Onkel über die Elbe zur Burg übergesetzt, und eines Tages schnappte ich mir das Rad und unternahm die Tour ohne Begleitung. Scharfenberg war sozusagen mein erster Anstieg der *Hors Catégorie.* Nicht dass jetzt jemand verblüfft nach dem Atlas greift und irgendeinen erwähnenswerten Berg bei Dresden sucht, es waren beziehungsweise sind vielleicht fünfzig Höhenmeter von der Elbe zur Burg, aber für einen Knirps, der kaum in den Sattel kommt und die meiste Zeit im Stehen treten muss, war es eine veritable Prüfung – zumal er nicht wagte abzusteigen, um eine Pause einzulegen, weil er die zahllosen braunschwarzen Nacktschnecken auf dem wurzeldurchwachsenen Waldweg für gefährliche Blutegel hielt …

Du wackeres altes Damenfahrrad, ich hatte dich doch tatsächlich vergessen, so wie ich die Fähre und den Weg zur Burg und was weiß ich noch alles vergessen hatte. Dabei bin ich mit dir vermutlich glücklicher gewesen als jemals mit einem deiner Nachfolgemodelle. Wie oft bist du mit mir im Dreck gelandet, sogar in die Elbbrühe habe ich dich einmal gefahren, aber nie wolltest du mir den Dienst quittieren. Ich hoffe, du hast ein schönes trockenes Plätzchen im Fahrradhimmel gefunden.

Stadtradeln oder: Einkalkulierte Verwahrlosung

Man muss kein gewohnheitsmäßiger oder gar in Passionsnähe agierender Radfahrer sein, um gerade in der Stadt aufs Auto zu verzichten. Es ist bei der heutigen so genannten Verkehrsdichte kaum möglich, innerhalb einer größeren Kommune mit dem Fahrrad langsamer von A nach B zu kommen als mit dem Auto. Spätestens bei der Parkplatzsuche holt sogar ein radelnder Pensionär entscheidende Sekunden heraus. Wer sich ein Fahrrad anschafft, muss nicht viel mehr als 1000 bis 1500 Euro investieren, um sogar gebirgstaugliches Material zu bekommen. Autos dagegen verschlingen unglaublich viel Geld, obwohl sie die meiste Zeit herumstehen, von den Anschaffungskosten ganz abgesehen: für Benzin, Unfallversicherung, Kfz-Steuer – und ständig fallen teure Reparaturen an. Überdies ist man von Staats wegen bei Strafe gehalten, hinter dem Lenkrad permanent nüchtern zu bleiben, ein entscheidendes Hindernis bei der Abendgestaltung, während auf dem Rad sowohl die Kontrollwahrscheinlichkeit als auch das Unfallrisiko vergleichsweise gering sind. Ich kann mich auch nicht erinnern, mich mit motorisiert mobilen Menschen je irgendwo erwähnenswert amüsiert zu haben, also zum Beispiel mit Typen, die im Porsche vorfahren und Wasser zum Essen trinken, ohne dabei den Verdacht gründlich auszuräumen, dass sie auch Wasser trinken würden, wenn sie zu Fuß gekommen wären … – ich schweife ab.

Bei Frauen verhält es sich ein bisschen anders, auch hinsichtlich des Porsches (zu einer Frau passt so ein Wägelchen schon besser), sie dürfen also ein Auto haben. Ich sehe ein, dass die allgemeine Gesellschaftsentwicklung sowie speziell die deutsche Einwanderungspolitik oder auch -nichtpolitik dazu geführt haben, dass Frauen es vielerorts für ratsam erachten, abends lieber nicht mit öffentlichen Verkehrsmitteln heimzufahren. Überdies müssen sie mitunter kleine Kinder zeitgleich mit größeren Einkäufen transportieren. Fern jeder Konsequenz finde ich es sehr praktisch, dass inzwischen fast alle Frauen ein Auto besitzen, und als ich mal eine kennen lernte, die keinen Führerschein besaß, empfand ich das keineswegs als verwandte Aversion, sondern als unverzeihlichen Makel.

Was wiederum den Transport von Frauen selber vor und nach Abendessen oder auch Gelagen anbetrifft, gibt es Taxis, sofern die Fahrt mit dem Rad sich als unromantisch (warum eigentlich?) oder anderweitig hinderlich erweisen sollte. Dasselbe gilt für Termine mit einem gewissen Kleiderzwang. Im Übrigen muss ein Mensch verdammt oft Taxi fahren, um annähernd so viel Geld auszugeben, wie der Unterhalt auch nur eines Kleinwagens kostet.

Obwohl Radfahren obendrein viel gesünder ist, steigen dennoch Millionen Menschen jeden Morgen und jeden Abend in ihren zweieinhalb Quadratmeter Ersatz-Uterus, stehen im Stau, verstänkern die Luft, verschandeln die Städte mit dem Anblick uniformer Blechkarawanen und verweichlichen ihre Beckenbodenmuskulatur bis zur totalen Verkümmerung derselben. Ich weiß, da ist noch – wir wechseln zurück zur rein maskulinen Warte – der Renommieraspekt, der pekuniäre Potenznachweis in Form von etwas geschniegelt Vierrädrigem. Dazu fällt mir nichts ein.

Erwähnte ich schon, dass ich keinen Führerschein besitze?

Das heißt, noch nie einen besaß. Das hängt keineswegs mit der Radfahrerei zusammen; auch früher, als ich etwas oder deutlich moppeliger war und Sport von Herzen verachtete, habe ich sofort zu lärmen begonnen, wenn in meiner Nähe Gespräche über Autos zu entstehen drohten. Da ich mich zu Frauen, die mir gefallen, durchaus ins Auto setze (sofern sie mich lassen) und schon mal von Freunden chauffiert werde, hat es wohl wenig Sinn, wenn ich an dieser Stelle noch darauf verweise, dass der Verbrennungsmotor ein Irrweg ist.

Ich habe mir jedenfalls ein paar Porsches, um bei diesem Klischee von Auto zu bleiben (und das des *primitiven Autohassers* zu perpetuieren), durch die Gurgel gejagt, sie Zylinder für Zylinder verfressen und vertrunken, zuletzt ewig hungrig vom Radfahren – womit sich der Kreis wieder schließt. Das kann mir keiner, auch Freund Hein nicht mehr nehmen.

Ich füge also den Trainingskilometern auf dem Lande oder der Rolle, die in praktischem Sinne völlig unnotwendig sind, jährlich noch ein paar tausend in der Stadt hinzu, die wiederum mit Training nur bedingt, mit Praktikabiliät dagegen einiges zu tun haben. Zum Beispiel, weil ich auf diese Weise ins Büro, ins Restaurant oder die weiterempfehlenswerte Klassik-CD-Abteilung des Kaufhauses Ludwig Beck gelange.

Außerhalb der klimatisch weitgehend überraschungsfreien Sommer und Frühherbstmonate gilt die alte Binse: Es gibt kein schlechtes Wetter, nur falsche Kleidung. Es ist beispielsweise überhaupt kein Problem, bei minus 20 Grad zu fahren, wenn man zwei oder gegebenenfalls auch drei Paar Handschuhe übereinander trägt. Heftigem Regen wiederum trotzt man erfolgreich mit Textilien, die an partielle oder auch Ganzkörper-Kondome erinnern. Das Problem besteht in einer gewissen äußerlichen Verwahrlosung, auf die sich der

Ganzjahres-Fahrer einlässt. Helle Hosen sind halt einfach schlecht, weil man doch mal die Kette berührt, wenn es schon nicht regnet. Peu à peu (wenn diese Formulierung in einem Radfahrbuch gestattet ist) passt sich die Bekleidung dem Zweck an, wird also eher derb und dunkel. Einen Anzug auf dem Rad zu tragen, empfiehlt sich nur bei absolut eindeutiger Wetterlage; außerdem muss man sich beherrschen können, wenn einer überholt. Schuhe wirft man entweder nach einem Platzregen weg oder ignoriert ihre Form- und Farbeinbuße. Jeans machen sich am besten, weil sie eng sind und man auf ihnen den Dreck nicht sieht. Und so weiter.

Täglich radfahren und zugleich gut gekleidet oder gar schick sein, ist unmöglich. Es kann schon mal passieren, dass mich ein neuer Kollege fragt, warum ich heute eigentlich die Hauspost noch nicht gebracht habe. Negativ formuliert, findet eine Proletarisierung des so genannten Outfits statt. Positiv gewendet, handelt es sich um eine Art Abwehrzauber gegen allerlei gesellschaftliche Zumutungen wie Krawatten, Bügelfalten und Herrenfrisuren. Das Rad ist somit ein schöner Gegenentwurf zum allpräsenten Gehaltsklassen-Exhibitionismus. Und die Kreditkarte passt ja in jede Hosentasche.

Accessoires
oder:
Von nötigem und unnötigem Drumherum

Früher, als ich noch keinen Sport trieb und auch irgendwie sonst noch bei Trost, jedenfalls jünger war, machte ich mich oft lustig über Leute, die mit Radlerhosen, die Bäuche von knallengen, kunterbunten Trikots umspannt, in Biergärten auftauchten. Einmal ergrimmte ich eine sehr sportliche Beinahe-Bekannte mit diesbezüglicher Lästerei dermaßen, dass der gemeinsame Abend im Sinne des *carpe noctem* gelaufen war. Heute weiß ich es schon sehr zu schätzen, dass zwischen meinem Sitzfleisch und dem Sattel ein so fragiles wie stabiles und vermutlich als ein Nebenprodukt der Raumforschung entstammendes Polster klaglos seinen Dienst verrichtet. So bescheuert Radlerhosen aussehen, sie gehören zu den sinnvollsten Kleidungsstücken, die ich kenne, nicht nur verglichen mit Federboas. Ein weiteres kleines Wunder der Textilherstellung sind die leider meist grauenhaft bedruckten Radfahrtrikots. Sie liegen wunderbar eng am Körper (ich frage mich, warum Fußballer nicht solche Leibchen tragen, das Delikt des Am-Jersey-Festgehaltenwerdens wäre damit auf einen Schlag ausgeräumt), und trotzdem kleben sie mitnichten an selbigem fest, weil die Fasern so beschaffen sind, dass sie die Feuchtigkeit sofort nach außen leiten. Obwohl man im Litermaßstab transpiriert, wird man trotzdem nicht nass. Nur gewisse Salzrückstände verweisen auf das Flüssigkeitsquantum, das durch diesen Filter ging. Viel wichtiger als Farbe und Design sind die drei Taschen am Rücken des

Trikots. Wer sich für viele Stunden aus der Stadt davonstiehlt, muss einiges mitnehmen: Ersatzschlauch samt Wechselwerkzeug, Ersatzbrille, zu essen (Energieriegel, Bananen), Sonnencreme, Handy (nur für den Ernstfall), Geld, Regenjacke, gegebenenfalls eine Karte. Ferner die Handschuhe, sonst schlafen die Finger ein. Hin und wieder binde ich den Pulsmesser um die Brust, aber eigentlich kenne ich meinen Herzrhythmus auch so. Ich fahre mit Helm, denn da ist mein Gehirn drin. Es ist jedes Mal ein mindestens zehnminütiges Prozedere samt Eincremen und Brilleputzen, ein Wappnen sozusagen (ein Eishockeytorwart kann darüber nur lachen, ich weiß), und jedes Mal bin ich ein kleines bisschen aufgeregt oder besser vorfreudig erregt, dass es jetzt wieder hinausgeht – was auch mit meiner schon erwähnten Orientierungsschwäche zusammenhängt. Ein Navigationslegastheniker wie ich genießt den Vorteil, dass ihm selbst eine häufig gefahrene Strecke immer Neues zu bieten hat. Wie oft bin ich etwa schon um den Starnberger See gefahren, und dennoch tauchen immer wieder überraschend neue Ortschaften, Kurven und Hügel auf, die ich noch nie gesehen habe (hier hat die Pointe über die Tatsachen gesiegt, aber ein Körnchen Wahrheit ist dran). Der Nachteil besteht darin, dass ich mich dauernd verfahre, oft auf Straßen mit hoher Autodichte gerate und noch öfter nicht weiß, wo ich bin. Aber das ist der Vorteil, wenn man in einer größeren Stadt wohnt: Zurück findet man immer.

Was soeben despektierlich über die schrillen Outfits des radelnden Volkes geäußert wurde, will lediglich andeuten, dass der Autor die dezentere Version bevorzugt. Es ist ja albern, wenn man wie ein Profi oder Papagei daherkommt und dann überholt wird. Ich besitze noch von meiner 1998er Schnuppertour jenes Original-Trikot, in welchem ich den hiermit endlich zur Legende erhobenen Col de Rousset bezwang, aber ich habe es seitdem nie wieder getragen. Vielleicht bin ich ja bekloppt, aber ich denke mir immer, wenn ich es trüge, würde der eine oder andere Crack vorbeiziehen und mir durch Seitenblicke mitteilen: Zieh' das Teil doch besser erst an, wenn du 50 Watt mehr trittst. Ausnahmeregeln gelten natürlich für die alten Löwen der Landstraßen, deren körpermittige Kolossalkuller getrost ein U.S.-Postal-Shirt blähen darf, das ist dann irgendwie wieder okay.

In Ländern wie Frankreich, Italien oder Spanien, wo Radfahren Nationalsport und sowieso alles südsonnig-bunter ist, wirken Trikots von Profi-Teams an den Leibern von Allerweltsfahrern merkwürdigerweise weniger aufgesetzt. Überhaupt ist im Süden die Stimmung auf den Straßen entspannter. Radfahrer gelten nicht als Verkehrshindernisse, sondern als Menschen, die letztlich das Richtigere tun. Hierzulande erlebt man schon mal Figuren hinter dem Lenkrad, die so böse schauen und so dicht vorbeifahren, als wollten sie einen am liebsten über den Haufen karren. In Italien würden sie einen höchstens aus Begeisterung versehentlich überfahren. Wildfremde Leute feuern einen an, sobald es bergauf geht.

Es wäre sicher falsch, das Fahrgerät selbst dem Drumherum zuzuschlagen. Am Rad hat das Drumherum allerdings seinen großen Auftritt. Das berühmte »Material«. Um es vorauszuschicken: Ich habe davon keine Ahnung. Die drei, vier Freaks, mit denen ich während der Fahrt ausnahmsweise mal ins Gespräch kam, redeten über Dinge wie Marke, Schaltung, Rahmen, Gesamtgewicht und signalisierten mir mit ihren Blicken, dass ich ja wohl mehr oder weniger auf Schrott unterwegs sei. Mir ist es aber vollkommen gleichgültig, welche Marke ich fahre oder welche Schaltung ich besitze. Je schlechter das Rad, denke ich mir, desto höher der Trainingseffekt. Ich besitze nur irgendein Rennrad und irgendein Mountainbike, Letzteres zwar mit Federgabel und hydraulischer Bremse, das aber nur, weil es in dem qualitativ gehobenen Radgeschäft, welches ich wegen des netten und hilfsbereiten Besitzers frequentiere, keine Räder mehr ohne diese neuartige Basisausstattung gibt. Dort bestaune ich gelegentlich die herumstehenden Nobel-Rennmaschinen, die ganz so aussehen, als könnte ich mit ihnen entscheidende Sekunden gegen mich herausholen. Ach was, als würden sie von alleine fahren. Was soll ich aber mit einem Rad, das ich nicht aus den Augen lassen darf und nicht mal in den Keller stellen kann, es sei denn, ich renoviere ihn vorher und bringe eine Stahltür an? Außerdem sollte der Mensch seinem Leistungsvermögen angemessenes Material benutzen; man kann nämlich nicht nur *overdressed* sein, sondern auch überausgestattet. Irgendein Zausel auf einer 5000-Euro-Maschine wirkt ungefähr so einleuchtend wie Flavio Briatore auf Heidi Klum.

Apropos: Keineswegs überflüssig und nach meinem Dafürhalten weit wichtiger als das »Material« ist die Massage der Beine. Auf Dauer ist es auch nicht billig – eine Stunde kostet im Schnitt 50 Euro –, und nicht jeder Masseur taugt etwas. Aber die Wirkung ist unglaublich: Nach einer guten Massage kann ich gleich einen oder manchmal sogar zwei Gänge höher treten.

Hupdiskurse oder: Wem gehört die Straße?

Neulich stoppte mich eine Polizeistreife, die sich aus welchen Gründen auch immer vor die Tore Münchens verirrt hatte, und entfachte eine Kurzdiskussion des Inhalts, ich möge gefälligst den Radweg benutzen, was ich mit dem Hinweis zu kontern versuchte, dass auf diesem Weg Ausflugsradler unterwegs seien, zum Teil mit Kindern, für die ich zweifellos eine Gefährdung darstellen würde und es also für sämtliche Beteiligten am wenigsten riskant sei, wenn ich auf der Straße bliebe, wo ich allenfalls mich selber gefährdete.

Dann solle ich halt langsamer fahren.

Dazu habe ich mir aber kein Rennrad gekauft, entgegnete ich. Außerdem lägen auf solchen Wegen oft allerlei Steine umher, und die seien Gift für meine Reifen.

Das sei mein Problem.

Es liegt im Wesen einer solchen Konstellation, dass der nichtuniformierte Diskutant irgendwann die Lust am Zwiegespräch verliert, scheinbar einsichtig der Aufforderung gehorcht und einen Kilometer weiter wieder auf die Straße wechselt. So tat auch ich, und zwar ohne jedes schlechte Gewissen, weil die Anweisung ja wirklich Unsinn war.

Wenngleich sie den gültigen Vorschriften folgte. Die Straßenverkehrsordnung (StVO) formuliert in dieser Frage so präzise wie nicht auf Problemhöhe: Radfahrer »haben rechte Radwege zu benutzen; linke Radwege dürfen sie nur benutzen, wenn diese für die Gegenrichtung freigegeben sind. Sie haben ferner rechte Seitenstreifen zu benutzen, wenn keine Radwege vorhanden sind und Fußgänger nicht behindert werden.«

Die gute Nachricht für etwas schneller unterwegs befindliche Pedaleure lautet also: Auf Straßen ohne Radweg darf gefahren werden, *sofern es nicht explizit verboten ist* – mögen vorbeirauschende Bleifüße hupen, was das Zeug hält. Achtzig Stundenkilometer fahren dürfen bedeutet nicht, es zu müssen. Taucht aber ein Radweg auf, hat man theoretisch auf ihn überzuwechseln.

Diese Regelung arbeitet freilich mit einem Radfahrerbild, das den sportlichen Vertreter jener Subspezies nicht einschließt. Was ist zum Beispiel, wenn es sich bei dem so genannten Radweg lediglich um einen halbierten Bürgersteig handelt? Und welche Geschwindigkeitsbegrenzungen gelten auf Radwegen, zum Beispiel eben auf halbierten Bürgersteigen? Und was, wenn die alte Frau dort vorn jetzt plötzlich abbiegt?

Das Rennrad ist einfach zu schnell, um von Seiten der Ordnungsmacht wie ein normales behandelt werden zu dürfen. Es gehört nicht auf Radwege. Theoretisch dürfte man mit einem Rennrad übrigens überhaupt nicht fahren, weil kein Licht daran ist und nach den allgemeinen Vorschriften ohne Licht nicht am Verkehr teilgenommen werden darf, denn es könnten ja Nebel oder ein schweres Unwetter kommen und Beleuchtung erforderlich machen. Praktisch muss man sich um alle diese Fragen nicht wirklich scheren, weil die Wahrscheinlichkeit, außerhalb der Stadt von der Polizei angehalten zu werden, äußerst gering ist.

Es bleiben jedoch die Autofahrer – respektive jener kleine Prozentsatz derselben –, die, ich sprach es schon an, hupend und gestikulierend und mitunter sichtlich echauffiert bis rammwillig an einem vorüberfahren und offenbar der Ansicht sind, dass die Straße ihnen und niemandem sonst gehört. Da hilft nur der Stinkefinger. Wenn dann mal einer anhält, muss man sich als Radfahrer freilich in Erinnerung rufen, dass auf Klickpedalschuhen schlecht boxen ist.

Es handelt sich um ein sehr deutsches Phänomen; Italiener beispielsweise hupen auch, aber nur, wie schon gesagt, um den Radfahrer anzufeuern. In solchen Momenten habe ich ein gewisses Verständnis dafür, dass sie 1943 aus der Achse scherten, und frage mich, ob ein Endsieg Hitlers dazu geführt hätte, dass man heute auch in der Ukraine angehupt und auf Radwege verwiesen würde.

Wir empfinden diese Welt nur deshalb nicht als höchst sonderbar, weil wir gewohnheitsmäßig in ihr leben. So haben wir uns auch damit arrangiert, dass Millionen jeweils viele hundert Kilogramm schwere Blechhaufen die Straßen bevölkern, deren Fortbewegungsprinzip bislang noch darauf beruht, die in fossilen Stoffen gespeicherte Energie von Jahrmillionen via Verbrennung sekundenschnell in partiell giftige Gase zu verwandeln, welche dann vornehmlich von Fußgängern und Radfahrern inhaliert werden. Aber das ist nicht das Schlimmste, weit übler sind die daraus folgenden Verschandlungseffekte in Kulturlandschaft und Flur. So schreiten die urbanen Flaneure ungerührt Seit an Seit mit einem stinkenden, lärmenden Benzinlindwurm, und nur wenige träumen von einem verkehrsplanerischen Siegfried. Dasselbe auf dem Lande; wie schön könnte es dort sein, besonders als Fahrradfahrer, wenn nicht –

Einmal wird dieses verdammte Erdöl alle sein. Dann stinken sie wenigstens nicht mehr.

Konkurrenz oder: Vom gelegentlichen Aufsetzen der Pavian-Maske

Ich habe mich bei meinen Radsport-Exerzitien von niemandem beraten lassen, weder meinen Arzt oder Apotheker gefragt noch einen Trainer oder ein »Vorbild«. Mit Fachliteratur und Trainingsplänen kann oder will ich nichts anfangen. Ich habe niemals eines dieser Mittelchen genommen (nicht einmal Kreatin oder auch nur Eiweißpräparate), obwohl mein Blut viel zu wenig Sauerstoff transportiert. Armstrong hätte mit solchen Blutwerten die Tour de France vermutlich auf Platz 84 oder überhaupt nicht beendet; ich könnte im Gegenzug freilich mit Armstrongs Blut auch nur ungefähr so viel anfangen wie ein Polo mit Kerosin.

Ich fahre nach keinem Trainingsschema, sondern nach Lust und Laune. Ich würde niemals einen Ruhetag einlegen, weil es in irgendeinem Trainingsplan steht, während meine Beine mir signalisieren, dass sie Gassi gehen wollen, und ich würde umgekehrt nicht fahren, wenn ich keine Lust hätte, nur weil es in einem Plan so festgelegt ist. Experten raten, oft im Niederpulsbereich zu trainieren, aber das halte ich nicht lange durch. Ich will das Essen vom Vorabend verbrennen, den Wein ausschwitzen, das Herz pumpen lassen. Niederpuls macht außerdem keinen echten neuen Durst. Im Übrigen kann man bei Niederpuls klar denken, und dann fällt mir auf, was für ein unglaublicher Schwachsinn es ist, seine Lebenszeit für Sport zu verschwenden. Also hoch mit dem Puls.

Vermutlich mache ich also trainingstechnisch alles falsch, aber das ist mir egal. Ich bereite mich schließlich auf keinerlei Wettkämpfe vor. Fahrradfahren ist eine Veranstaltung, die ausschließlich mit mir zu tun hat.

Dennoch passiert es unausweichlich, dass jemand ein Wettrennen veranstalten will. Kaum eine Situation ist mir unangenehmer. Ich betrachte nahezu jede Art von Konkurriererei als Einbruch in die Hermetik meines Privatlebens, welcher sofort zu beenden ist, egal wie. In solchen Fällen fahre ich dem Typen, je nachdem, in welchem Fitnesszustand er sich befindet, entweder davon oder lasse ihn vorbei. Wenn er gleich stark ist, biege ich bei der nächsten Gelegenheit ab.

Manchmal kann ich allerdings nicht abbiegen, oder der andere lässt sich nicht abschütteln. Oder er ist mir aus irgendeinem Grund suspekt. Dann erwacht der Primat in mir. Dann muss die Rangordnung kurzzeitig ausgekämpft werden. Dann kommt es zu kleinen Ausscheidungsrennen unter Konkurrenztieren, von denen sich mindestens eines ein bisschen dafür schämt. Dann bereue ich übrigens zeitweise, dass ich falsch trainiere, dass ich mich viel zu selten massieren lasse und dass meine Beine dauernd übersäuert sind.

Jeder kann sich doch an die Szene aus dem Film ›Das Schweigen der Lämmer‹ erinnern, als Jodie Forster alias Agent Starling schnappatmend durch den stockdunklen Keller des perversen Serienmörders tapert, und der mit einem Nachtsichtgerät hinter ihr her. Dann hebt er seinen Revolver und spannt den Hahn, aber dieses leise *klick!* in ihrem Rücken verklickert der wackeren FBI-Frau, was hinter ihr abgeht, sie fährt herum und knallt den Kerl ab. Dieses leise *klick!* aus dem Nichts, lieber Leser, hat an besagten manchen Tagen (an anderen komischer- bzw. glücklicherweise überhaupt nicht) seine Entsprechung, wenn in meinem Rücken jemand einen Gang hochschaltet. Man hört Radfahrer nämlich nicht kommen, und wenn der hinter einem sich entschließt zu überholen, schaltet er meistens hoch – es sei denn, es handelt sich um einen richtigen Crack, der schnell genug unterwegs ist, um auch ohne vorbeizuziehen. Dieses *klick!* hören, selber hochschalten und wie ein Idiot lostreten, vor allem, wenn es bergauf geht, gehört mitunter als allerdrolligste zu meinen pavianesken Revierverteidigungs-Eigenschaften.

Hat der andere dann doch mehr Kraft in den Beinen, kann man sich damit trösten, bestimmt schon viel länger als er unterwegs zu sein, mehr Liegestütze zu können, bei Frauen erfolgreicher oder gebildeter zu sein – und mehr Geld zu verdienen sowieso. Überhaupt braucht sich so ein Typ nichts einzubilden, weil er ja mehr trainiert und weniger schlemmt; wenn es nicht so wäre, dann könnte man ja schließlich selber …

Noch unangenehmer ist es allerdings, wenn eine Patt-Situation eintritt, weil damit plötzlich über längere Zeit ein Zeuge der eigenen zunehmenden Schwäche anwesend ist. Sich an einen fremden Fahrer zu hängen, *an seinem Hinterrad zu lutschen*, wie es heißt, kommt für meine Begriffe beinahe einem Eingriff in die Intimsphäre desjenigen gleich. Ich würde das nie tun, und ich mag es naturgemäß auch umgekehrt nicht. Das Problem entsteht aber beispielsweise, wenn ich einen Fahrer überholt habe und er an mir kleben bleibt, weil ihm sein Ehrgeiz verbietet, mich ziehen zu lassen. Manche hängen sich auch nur an einen anderen, weil sie Energie sparen wollen. Man muss schon deutlich stärker sein als der andere, wenn man ihn auf flacher Strecke loswerden will, denn im Windschatten benötigt man Berechnungen findiger Radsportwissenschaftler zufolge bis zu einem Drittel weniger Energie als der Vordermann. Ich warte dann auf die nächste Abzweigung – oder den nächstbesten Anstieg, wo sich die Sache meist rasch klärt. Wenn nicht, wird es übel. Einen anderen Fahrer bei ansteigender Strecke nicht abschütteln zu können, obwohl ich mich dem eigenen Limit nähere, das erzeugt in mir ein Gefühlsgemisch aus der bereits erwähnten Scham plus einsetzender Verzweiflung, in welchem sich Verhaltensbiologie und Kulturanthropologie verzahnen. Zumal, wenn der andere schließlich Oberwasser bekommt und beginnt, um die Wette zu fahren. Ich lege eigentlich gar keinen Wert auf dieses muskuläre Techtelmechtel, doch etwas in mir will diesen Kerl ums Verrecken nicht passieren lassen. Theoretisch könnte man sich anlächeln, das Tempo drosseln und seiner Wege fahren, aber theoretisch könnte man auch Weltfrieden haben. Praktisch ist es so, dass einer nachgeben muss. Ich möchte dieses Phänomen das *Savannenerbe* nennen. Stell dir vor, denke ich in den noch durchbluteten Reserveaggregaten meines Großhirns, während mein Herz über 180-mal in der Minute schlägt, die genetische Grundlage dafür, dass du dich momentan zum Affen machst, entstand vor Millionen Jahren. Dann wirst du's ja nicht gerade heute abstellen können.

Ich bin im Anschluss an ein solches Spielchen schon einmal ohnmächtig vom Rad gekippt. Das heißt, ich konnte gerade noch anhalten, bevor kurzzeitig das Himmelslicht ausging. Da war allerdings einiges an Restalkohol im Spiel, und mein Pulsmesser hatte mich darauf hingewiesen, dass es nicht lange gut gehen würde. Immerhin: Ich hatte den Typen kurzzeitig abgehängt.

Wie? Kein Applaus? Nur Stirnrunzeln? Ts, ts, ts – –

Zweifel oder: Was soll der Unsinn?

Frauen ab spätestens vierzig fangen an, sich mit Esoterik zu beschäftigen, sie treiben Yoga, Ayurveda oder belegen irgendwelche Volkshochschulkurse, Männer ihrerseits beginnen, Marathon zu laufen, Berge zu besteigen, Wüsten zu durchqueren oder – Rad zu fahren. Frauen suchen irgendeinen tieferen Sinn, Männer wollen sich sonstwas beweisen (die Schnittmenge sitzt daheim und wird vorm Fernseher fett). »Das«, sagt eine gute Freundin, »ist doch alles Bullshit. Vorhersehbar. Was soll der Unsinn?«

Recht hat sie, aber eine wirkliche Alternative hat sie auch nicht auf der Pfanne. Es ist ja sogar schwer zu begründen, warum einer Quantenphysik treibt oder Romane verfasst, und selbst eine priapische Existenz wird auf Dauer langweilig und erklärungsbedürftig. Mit einer Formulierung des Daseinsbenörglers Thomas Bernhard glaube ich an die Gleichwertigkeit aller Dinge *(sub specie aeternitatis)*, weshalb die Suche nach Alternativen hiermit als müßig verworfen wird, denn man müsste auch die Alternativen mit immer wieder neuen Alternativen konfrontieren und so letztlich exorzieren. Es soll hier einzig um eine alternativlos dastehende Passion namens Radfahren gehen. Aber die Frage »Was soll der Unsinn?« bleibt natürlich ebenfalls »bolzengerade« (Eckhard Henscheid) im Raume stehen.

Bei dieser Frage handelt es sich übrigens um eine Lieblingsfloskel des alten Fontane; keine, auf die er eine Antwort erwartete, eher ein heiter-distanzierter Weltkommentar, resultierend aus der Beobachtung eines Berliner Gemüsehändlers, der einen Straßenjungen dabei erwischt hatte, wie er ihm ins Sauerkrautfass pisste. Als der nämlich dem Pinkler die allfälligen Prügel verabreichte, sagte er wie entschuldigend zu den Umstehenden: »Dem Sauerkraut schadet es zwar nichts, aber was soll der Unsinn?«

Auf unser Thema gewendet: Den Beinen schadet es zwar nichts, aber was soll der Unsinn?

Manchmal läuft es richtig schlecht. Dann genügen zwei, drei Stunden, und ich bin fertig. Dann schwächelt der Kreislauf in scheinbarer Grundlosigkeit – tatsächlich hat er ja immer seine Gründe –, die Beine wollen auch nach dem Warmwerden partout nicht unbeschwert kreisen, die Körpermitte ist schwach bis zum Einknicken, und sogar der Wille hat keine Kraft, sich dagegenzustemmen. Dann wird jeder Hügel zur Zumutung, und mich überholen Fahrer, die es sonst nicht täten.

Seht, sprach Gott, ich will es ihm noch saurer machen. Und sandte mir eine Pollenallergie, die mich seit ein paar Jahren zunehmend malträtiert. Von Frühling zu Frühling wird es ärger. Von März bis Mai kann ich nicht im Freien fahren, allein die Fahrt zur Arbeit ist eine Tortur, mit flachem Atem, tränenden Augen und permanent laufender Nase. Doch selbst im Hochsommer oder im Herbst gibt es Tage, wo irgendetwas in der Luft liegt, die Nase juckt, der Puls zu hoch ist und die Lunge sich angegriffen anfühlt. Eine frisch gemähte Wiese oder ein abgeerntetes Feld am Straßenrand, und ich komme mir vor wie nach einem Zusammenstoß mit dem älteren Klitschko-Bruder. Ich bekomme dann nicht mehr ausreichend Luft, wie karpfenmäßig ich auch danach schnappe. Die Lunge ist einfach am Ende, da mögen die Beine betteln, wie sie wollen.

An solchen Tagen kehre ich um und suhle mich in Trübsinn. Um diesen Sport ernsthaft zu betreiben, denke ich, müsste ich zwanzig Jahre jünger sein. Mich anders ernähren. Anders trainieren. Überhaupt anders leben. Dann denke ich ans Altwerden und daran, dass jetzt wohl der *Point of no return* überschritten ist. Dass die Jugend unwiderruflich vorbei ist. Dass ich von nun an täglich schwächer werde. Bislang ist es mir nicht gelungen, eine solche Schlappe mit Gelassenheit zu nehmen. Ich mache mir vielmehr Vorwürfe, schimpfe mich eine Flasche und so weiter. Erwähnte ich bereits, dass mein linkes Knie im Eimer ist?

An solchen Tagen, wenn mich mein Leib nicht mit Wohlbefinden oder Endorphinräuschen bemogelt, sondern eine seiner wohlverdienten Auszeiten nimmt, will mir der Sinn meiner Exerzitien also überhaupt nicht mehr einleuchten. Dann stehe ich mit mir selber über die Zumessung der Ressource Lebenszeit an bestimmte Beschäftigungen auf Kriegsfuß. Dann reifen in mir Vorsätze, die mitunter bloß am relativ niedrigen Wiederverkaufswert eines Rennrades scheitern. Aber das Rad steht – beziehungsweise die Räder stehen – immer noch da.

Schwächephasen und Depressionen verstreichen, und ein Mann ändert seine Gewohnheiten nicht, wie es in der ›Dreigroschenoper‹ im Sinne einer gewissen Letztgültigkeit *in definitionem masculi* heißt. Mechanisch steige ich am Wochenende für ein paar Stunden aufs Rennrad, mechanisch trabe ich unter der Woche mittags ins Studio. Ich mache das jetzt schon acht Jahre. Elf Jahre ist es her, dass ich mit dem Laufen anfing. Davor habe ich Sport verabscheut und Sportler für Lebenszeit verschleudernde Dumpfbacken gehalten. Mit Karl Kraus' Sentenz: »Der Sport ist ein Sohn des Fortschritts, und er trägt schon auf eigene Faust zur Verdummung der Familie bei«, schien mir alles zum Thema gesagt. Ganz von der Hand zu weisen ist das ja nicht. Kann man sich eine dümmere Weltgegend vorstellen als Venice Beach, wo sich dem Sport obendrein der Körperkult beigesellt und ansonsten eine geradezu antiseptische Sinnenfeindschaft herrscht? Selbstverständlich hat Sport eine extrem dumme Seite in seiner stupiden Körperfixiertheit und monotonen Wiederholung des Immergleichen. Selbstverständlich sind die meisten sportlichen Menschen ungebildete und illiterate Wesen (aber das gilt für Menschen schlechthin). Andrerseits fühle ich mich unter verkopften oder nicht mal verkopften Sportphobikern auch nicht sonderlich wohl, weil ich die Missachtung des Körpers mittlerweile ebenfalls für eine Form von Unbildung halte, im buchstäblichen Sinne, denn diese Leiber sind ungebildet.

Es scheint also, um sich am klassischen Ideal des allseits gebildeten Menschen emporzuranken, wieder einmal auf die richtige Dosis anzukommen. Aber welche ist die richtige?

Radfahren, denke ich oft und gerade wieder, ist mindestens ein ebensolcher Quatsch wie darüber zu schreiben. Ausgeklammert sei jenes Radfahren, welches von A nach B führt und dem gezielten Irgendwohinkommen dient, worüber man aber naturgemäß nicht schreiben würde. Gut möglich, denke ich, dass ich überhaupt nicht mehr anders als in diesem Sinne Rad fahre, wenn dieses Buch erscheint; vielleicht war das der höhere Sinn und letztliche Zweck der Niederschrift. »Aber ich wandte mich zu dem Mühevollen, womit ich mich gemüht, siehe, alles war Eitelkeit und Haschen nach Wind« (Prediger, 2,11). Andererseits ist angesichts der überwältigenden Unsinnigkeit des Universums überhaupt jede Beschäftigung Quatsch. Und mich befällt dieses Glücksgefühl, sobald ich im Sattel sitze (manchmal sogar, wenn ich bloß ins Büro radle). Alle Wozu-Fragen sind auf einmal fortgeweht.

Man nennt dergleichen wohl, klinisch nicht ganz fundiert, Schizophrenie. Aber es handelt sich um einen entschieden harmlosen Fall.

Fassen wir zusammen:

Radfahren ist pure Stupidität.

Radfahren ist pure Freude.

Radfahren ist Lebenszeitvergeudung.

Radfahren ist die Grundlage für Lebenszeitnutzung.

Radfahren ist eine Plage.

Radfahren ist ein Segen.

Radfahren ist …

Erotisches oder: Vorspiel auf zwei Rädern

Nach so viel passionspessimistischem, ja antipassionablem Einerseits-Andrerseits soll jetzt ein einschränkungslos angenehmer Nebeneffekt der Radsportleidenschaft bedacht und gepriesen sein.

Um diesen auszukosten, bedarf es der Ausfahrt in weiblicher Begleitung – sozusagen der demokratisierten und zugleich zeitgeistig-versportlichten Version des einstmals aristokratischen, inzwischen freilich auch schon weitgehend plebejisierten Ausritts. Ich finde Frauen zunächst einmal in beider Art Sattel sexy, wobei das Fahrrad den Vorzug hat, dass sie sich darauf mehr anstrengen müssen als auf dem Hotte-hüh. Zu diesem Zwecke empfiehlt es sich übrigens, selbst in die kürzeste Tour nach Möglichkeit einen kleinen Berg einzubauen; einer Frau beim Bergauffahren ins hingebungsvoll-angestrengte Antlitz zu schauen, das ist wie … –

Der Reihe nach. Seitdem die Freizeit herabgestiegen ist zu den parallel mit diversen Verhütungsmitteln ausgestatteten Massen, sind bekanntlich zahllose geschlechtsreife Großstädter damit beschäftigt, sich zwecks sexueller oder existenzieller Partnersuche *zu daten*, wie es neudeutsch heißt. Naturgemäß gehen die meisten in ein Restaurant; Kino, Theater und Konzert erfreuen sich ebenfalls großer Beliebtheit, und in den letzten Jahren vermehrt gemeinsame sportliche Aktivitäten, welche dem Vorspiel-Vorspiel mindestens so nahe kommen wie das wechselseitige Füttern und Schnäbeln bei Tische oder das Händchenhalten im Dunkel des Vorführsaals. Mit einer Frau, die man nicht näher kennt, Squash zu spielen, ist zum Beispiel eine durchaus prickelnde Angelegenheit. Aber noch mehr plädiere ich fürs gemeinsame Radfahren, aus der empirisch gewonnenen Überzeugung, dass es den heiklen Kennenlernprozess auf unvergleichlich entspannte Weise befördert.

Das liegt zunächst einmal daran, dass Radfahren Bewegung und Fortbewegung in einem ist. Nach der Squash-Partie, um bei jenem Exempel zu bleiben, steht man immer noch an derselben Stelle wie zu Beginn, nämlich in einem jener uncharmanten Fitnesszentren, wo in jeder Wabe alle dasselbe treiben. Ferner umfasst Radfahren die gesamte Bandbreite vom entspannten Ausflug bis zum Wettrennen. Radfahren ist a priori unsteif, und man lernt dabei erstaunlich schnell erstaunlich viele Eigenschaften einer Frau kennen. Mit welcher Art Rad taucht sie auf? Was für eine Figur macht sie darauf? Welche Strecke ist sie bereit, in Angriff zu nehmen? Was zieht sie sich dafür an? Fährt sie vorsichtig oder forsch? Hält sie sich an die Verkehrsregeln? Wie steht sie zu ihrem Körper, wie bewegt sie sich? Ist sie bereit zu schwitzen, oder ist ihr das unangenehm?

Was eine Frau erotisch hermacht, wird sie beim Radfahren geflissentlich andeuten. Ist sie ein bisschen etepetete oder burschikos, ist sie schläfrig und der Pausen bedürftig oder zäh und konditionsstark? Zieht sie richtig mit? Gehört sie zu jenen Musterschülerinnen, in denen der Ehrgeiz brennt, es unbedingt zu schaffen? Reagiert sie biestig und wird richtiggehend sauer, wenn es bergauf nicht so läuft, wie sie es sich vorstellt? Beim Tanzen erkennt man wohl noch mehr, aber auf dem Rad offenbart sich schon viel vom Temperament. Und wenn es sommerlich warm ist, hat das Auge auch genug zu schauen. Es gibt da zum Beispiel jenen magischen Moment, wo sich die ersten Schweißtröpfchen im Bachbett der weiblichen Lendenwirbelsäule bilden, vom Flaum feinster Härchen daran gehindert, sich zum Rinnsal zu vereinen – gewiss einer der Gründe, mit der Schöpfung halbwegs zufrieden zu sein. Im Übrigen eignet sich das Rad auch gut für die negative Auslese.

Einen Berg mit einer Frau zu fahren, das ist ungefähr wie – na, Sie wissen ja schon. Überdies kann man renommieren und die Teure ein Stück hinaufschieben.

Ein gemeinsamer Radausflug, egal von welcher energetischen Relevanz, hat per se etwas Unverkrampft-Unförmliches, Luftiges, Aufschließendes. Man fährt hinaus aus dem üblichen Kontext und seinen Konventionen, ins Grüne oder auch, je nach Fitnesszustand der Gevatterin, ins Blaue. Außerdem gilt natürlich in diesem Fall, was ich über die Verbindung des Lukullischen mit dem Sportlichen schrieb, hier noch erweitert ums potenziell Erotische. Eine Sinnlichkeits-Triade. Sich zuerst zusammen auf dem Rad schaffen und sodann bei Tische die Leinen losmachen und auch die letzten den Leib betreffenden Hemmungen über Bord werfen – kann man besser in eine Nacht einsteigen?

P. S. Eine Kollegin, der ich soeben dieses Kapitel vorgelesen habe – obwohl ich ihr eigentlich ein anderes vortragen wollte, aber sie hat auf diesem bestanden –, eine Kollegin also stellt nun die Frage, wo der Herr sich bei der gemeinsamen Ausfahrt aufhält: vor seiner Begleiterin? Hinter ihr? Neben ihr?

Wie ein Hütehund umkreise er sie, habe ich geantwortet.

Die Frau in Rot
oder:
Eine Begegnung in den Pyrenäen

Ein paar Kilometer vor dem Col du Peyresourde tauchte dieser rote Punkt vor mir auf. Ein Radfahrer, stellte ich beim Näherkommen und naturgemäß wenig überrascht fest. Er schien ziemlich schnell unterwegs zu sein, denn besagtes Näherkommen zog sich hin. Ein Rennradfahrer also. Eine ganze Weile irrlichterte er auf der menschenleeren Straße vor mir her. Während ich überlegte, ob ich ihn überholen würde können, ohne mich dem möglichen Stress einer Verfolgungsfahrt auszusetzen – ich hatte bereits zwei Pässe in den Beinen –, schälte sich das Bild des einsamen Radfahrers immer deutlicher aus der Landschaft.

Es war eine Frau.

Für eine solche war sie sogar bemerkenswert schnell unterwegs, und prompt ergriff mich eine wilde Neugier, in die sich eine einstweilen amorphe Sympathie mischte. Dabei sind – apropos amorph – rennradfahrende Frauen eher nicht so mein Fall, ich meine: ab einem gewissen von ihnen angeschlagenen Durchschnittstempo. Meist haben sie so freudlos fettfreie Oberkörper – und was ist ein weiblicher Oberkörper ohne die passend positionierten pikanten Pölsterchen, parbleu! – sowie ziemlich dicke Oberschenkel, nicht so schlimme wie Hundert-Meter-Läuferinnen, bei denen es aussieht, als hätten sie statt Beinen jeweils einen halben Delphin eingeschraubt, aber es geht in diese Richtung. Kurzum, ich erwartete eine ästhetische Enttäuschung. Dennoch trat ich kräftig in die Pedale. Genauer anschauen wollte ich mir das zügig dahinzuckelnde Frauenzimmer auf jeden Fall.

Sie trug ein Ganzkörpertrikot, ein, wie man sagt, *knallenges*, auch von *zweiter Haut* ist in solchen Fällen gern die Rede, und unter ihrem Helm wuchs ein blonder Zopf hervor. Ihre Haltung war vorbildlich, radsporttechnisch wie überhaupt. Frauen in roten Kleidern tauchen dauernd in eher mittelklassigen Filmen und Romanen auf, dachte ich, warum eigentlich niemals Frauen in roten Trikots? Ferner überlegte ich, meine dürftigen Möglichkeiten einer Gesprächseröffnung erwägend, um was für eine Landsmännin es sich handeln mochte. Die Wahrscheinlichkeit sprach natürlich für eine Französin, und mein Französisch ist in jederlei Hinsicht verbesserungsbedürftig. Es könnte aber auch eine blondierte Spanierin sein, eine Baskin beispielsweise, aber daran wollte ich irgendwie nicht glauben. Eine Italienerin? Nie im Leben verirrte sich eine Italienerin in die Pyrenäen. Vielleicht eine Skandinavierin? Oder gar eine Deutsche? Nun, ich würde ihrem Herkunftsgeheimnis schon auf die Spur kommen.

Wir hatten den Beginn des Anstiegs erreicht, er würde uns, wie ein Schild verriet, 9,8 Kilometer mit durchschnittlich 6,6 Prozent Steigung auf 1569 Meter hinaufführen. Couragiert kurbelte die attraktive Unbekannte den Peyresourde hinan. Sie war immer noch erstaunlich schnell unterwegs, ich rechnete allerdings fest damit, dass sie ihr Tempo bergauf irgendwann ins Damenhafte werde modifizieren müssen. Noch vor der 1000 habe ich dich, Schätzchen, dachte ich.

An einer gegenläufigen Serpentine konnte ich sie dann von vorn sehen, reichlich zehn Meter über mir, bei welcher Gelegenheit sie spätestens auch mich wahrnahm. Sie war sehr schlank, von sozusagen leopardinnenhafter Statur, nicht muskulös, eher drahtig, aber unter ihrem Trikot zeichneten sich dennoch zwei überraschend und erfreulich definiert und also mehr als nur vorhandene Brüste ab (üppig wäre zu viel gesagt). Doch wie sehr ich auch versuchte, sie einzuholen, es gelang mir nicht, stets hielt sie mich auf einer Distanz um die 30 Meter, ich mochte beschleunigen, wie ich wollte. So fuhren wir auch noch die letzten, wunderbar sanft durchs Grün der Bergflanken sich ringelnden Serpentinen bis zur Passhöhe, ohne dass ich näher an sie herankam als die besagten ungefähr 30 Meter, was mich allmählich wütend machte, aber zugleich in schwerste Selbstzweifel stürzte, denn ich fuhr fast an der Oberkante, also meiner Leistungsgrenze, obwohl ich mich im Klaren darüber befand, wie dumm es war, sich im Gebirge vor der Zeit zu verausgaben.

Auf der Abfahrt hätte ich sie beinahe aus den Augen verloren. Ich folgte ihr, meine geplante Strecke verwerfend und vor allem ausdehnend, von Bagnères-de-Luchon in Richtung St.-Beat, hin zum Col de Mente, wobei sie sich auf dem flachen Stück mehrfach nach mir umdrehte, als ob sie sich vergewissern wollte, dass ich ihr wirklich folgte. Eindeutig spielte sie mit mir. Das war reizend, wenngleich es offenkundig auf eine sportliche Demütigung meiner Person hinauslief und mich immer weiter weg von jener Route führte, die ich geplant hatte, sprich: auch von meinem Rückweg zum Hotel. Aber ich hatte beschlossen, sie zu fangen. Irgendwann musste sie einfach müde werden.

Am Anstieg zum Col de Mente setzte sie ihr forsches Tempo freilich ungerührt fort. Wollte ich das rote Trikot weiter vor mir sehen, musste ich nun wirklich an meine Grenzen gehen. Erstmals begriff ich, was es bedeutet, sein Limit nicht nur zu erreichen, sondern an ihm bleibend Minute um Minute weiterzufahren … Qualen, Qualen, Qualen …

Wäre vor mir irgendein Kerl gefahren, hätte ich doch einfach aufgehört. Und dieser Drahtelfe vor mir schienen Steigung und Tempo kaum etwas auszumachen.

Du gibst dich der Lächerlichkeit preis, dachte ich, als ich an einer Kurve sah, wie sie unter der Achsel hindurch nach mir schaute. In deiner momentanen Verfassung, dachte ich, könntest du sie nicht mal ansprechen, du japst nach Luft wie ein auf den Strand geworfener Fisch. Ein Mann, der eine Frau anspricht, sollte souverän wirken und nicht, als sei er gerade am Ertrinken. Brich dieses unwürdige Theater ab!

Ich kapitulierte und drosselte das Tempo.

Madame freilich tat dasselbe: Sie wurde ebenfalls langsamer. Der Abstand zwischen uns blieb unverändert.

Auch das noch, dachte ich. Oder war sie, sprach da eine jäh aufflammende Hoffnung zu mir, vielleicht am Ende? Pfiff die Holde endlich auf dem letzten, wie man sagt, Loch?

Ich gab mir einen Ruck und ging aus dem Sattel. Oberhalb meiner Knie bissen zwei Krokodile zu. In meinen Ohren rauschte es. Ich beschleunigte.

Madame tat desgleichen.

Ich ließ mich zurück auf den Sattel plumpsen. Was sollte das? Was lief hier eigentlich? Ging man so mit einer Person des anderen Geschlechts um? Erlebte ich hier gar einen der wirklichen Triumphe des Gleichstellungsfeminismus? Und: Konnte ein Mann, der von einer schönen Frau am Berg abgehängt wird, dieses Totalversagen sexuell jemals wieder kompensieren?

Ungefähr eine Stunde später, diesmal am Beginn des Anstiegs zum Col de Portet d'Aspet, wohin ich ihr halb blind nun auch noch gefolgt war, ließ sie mich näher herankommen. Sie fuhr nur ungefähr zehn Meter vor mir. Was für wunderschöne Waden dieses Geschöpf besaß! Wie vollendet geformt ihre Kniekehlen waren!

Für die happige Steigung gleich zu Anfang – dort, wo sich Fabio Casartelli auf umgekehrtem Weg anno '95 zu Tode gestürzt hatte und heute das Denkmal für ihn steht – ging sie in den Wiegetritt und offerierte meinen Blicken zwei wirklich jede Verausgabung rechtfertigende Pobäckchen, denen ich lechzend und mannhaft mein Keuchen unterdrückend folgte wie ein Hund der Wurst, während mir mein Pulsmesser signalisierte, dass ich in Kürze wohl kollabieren würde.

Wenn ich umkippe, wird sie mich doch hoffentlich wiederbeleben, dachte ich, Scham, Schmerz und Verzweiflung im Herzen – und trat auf einmal mit dem Mut der letzteren und von diesem Entschluss selbst überrascht, armstrongmäßig in die Eisen. Plötzlich war ich auf gleicher Höhe. Ich hatte sie! Ungefähr den Abstand einer Oblate zwischen uns lassend, klemmte ich ein »Bonjour, Madame« zwischen zwei Atemzüge, wobei es mir haarsträubend schlecht gelang, den Grad meiner Erschöpfung zu verbergen. Andrerseits besaß der rasende Puls den Vorteil, dass ich nicht mehr verlegen werden konnte, weil dafür sozusagen keine Kapazitäten mehr frei waren. Die junge Frau war nämlich aus der Nähe noch schöner als aus der bereits viel versprechenden Distanz; obwohl sie zum Helm eine Sonnenbrille trug und ihr Gesicht mithin zur Hälfte verdeckt war, konnte daran kein Zweifel bestehen. Möglicherweise wäre mir beim Anblick einer derartig schönen Frau unter normalen Umständen, beispielsweise in einem Lokal, ein Schweißtröpfchen auf die Stirn getreten, was jetzt nicht passieren konnte, weil auf meiner Stirn kein Platz mehr war, wie auch der abgelutschte Terminus *atemberaubend* für ihre Beschreibung zwar absolut zutreffend, aber in diesem Fall unangebracht gewesen wäre, denn meinen Atem hatte mir bereits ihr Tempo geraubt, so dass ihr Anblick von mir sozusagen physiologisch unkommentiert blieb. Alles, was ich noch herausbrachte, war ein: »Bonne vitesse, o la la …«

»Bonjour, Monsieur«, antwortete sie, während sie mich musterte. Dann setzte sie schnippisch hinzu: »Je peux encore mieux!«

Und mit einem leicht boshaften Lächeln erhob sie sich wieder aus dem Sattel und stiefelte einfach los, es sah wirklich aus, als wenn sie auf den Pedalen laufen würde. Fassungslos sah ich zu, wie sie mir neuerlich entschwebte.

Da senkte ich den Kopf wie Jan Ullrich 2001 am Schlussanstieg nach Pla d'Adet hinter dem enteilenden Armstrong und gab die Verfolgung auf.

Über den restlichen Anstieg, die Abfahrt und den weiteren Weg hat sich im Nachhinein ein Schleier gelegt, ich weiß nicht, warum ich damals weitergefahren bin, wo ich doch eigentlich hätte umkehren müssen, wenn ich vor dem Dunkelwerden noch in mein Hotel gelangen wollte, und so weiß ich auch nicht mehr, wie der kleine Bergort hieß, durch den ich am späten Nachmittag bei tief stehender Sonne fuhr und wo ich *ihr Rad* vor dem Garten einer Gastwirtschaft stehen sah. Mechanisch griff ich in die Bremsen. Tatsächlich, dort saß sie, an einem Holztisch im Garten unter einer Korkeiche als anscheinend einziger Gast, vor sich einen Glaskrug Rotwein, und verspeiste mit gutem Appetit Weinbergschnecken.

Ich stellte mein Rad neben ihres, reinigte mein Gesicht mit dem Reservetrikot, so gut es ging, und nahm den Helm ab zum Gebet. Dann trat ich einen schweren Gang an. Auf meinen Klickpedalschuhen der mampfenden Schönen entgegenstöckelnd, überlegte ich, ob ich sie vielleicht mit Verlaines »C'est l'extase langoureuse« begrüßen (und eventuell noch das »C'est la fatigue amoureuse« anfügen*) sollte – oder, forscher und speziell auf den Zustand meiner Schenkel anspielend, mit Baudelaire: »Mais l'amour n'est pour moi qu'un matelas d'aiguilles/Fait pour donner à boire à ces cruelles filles!«**

Oder aber, derselbe, lieblicher: »Sois sage, ô ma doleur, et tiens-toi plus tranquille:/Tu réclamais le soir; il descend; le voici:/Une atmosphère obscure enveloppe la ville,/Aux uns portant la paix, aux autres le souci.«***

Ich sagte allerdings bloß: »Vous permettez que je prends place à côté de chez vous?«

Sie musterte mich aus unglaublich türkisfarbenen Augen in aller Gemütsruhe und nickte.

»Sie können Deutsch zu mir sprechen«, sagte sie, »Sie sind doch Deutscher, oder?«

Ich bejahte erstaunt und fragte, wie sie darauf komme.

»Sie sehen so aus. Außerdem fahren Sie ein deutsches Fabrikat.«

Sie sprach mit jenem hinreißenden Akzent, wie man ihn gemeinhin und mit einem gewissen empirischen Recht deutschsprechenden Franzosen zuschreibt, nur etwas weniger vordergründig.

Ich nahm verdattert und deshalb stumm Platz.

* *»Dies ist die müde verzückung/Dies ist der liebe bedrückung« – so übersetzte es Stefan George.*

** *»Mit Nadeln ist das Lager mir gespickt/Grausame Mädchen werden dort erquickt.«*

*** *»Sei ruhig, o mein Schmerz, und sei besonnen./Den Abend wolltest du; sieh her; er kam:/Ein dunkler Hauch hat schon die Stadt umsponnen,/Den einen bringt er Frieden, andern Gram.« (Ich folge in beiden Fällen der Übersetzung von Monika Fahrenbach-Wachendorff)*

»Mögen Sie ein paar von den Schnecken? Etwas Rotwein? Es ist ein Côtes du Roussillon, ein *kleiner Sauser*, wie Mijnheer Peeperkorn im Roman Ihres Landsmannes Thomas Mann sagt, aber genau richtig nach der Hitze des Tages.«

Während sie mir den Wein in ein aus irgendwelchen Gründen bereitstehendes zweites Glas goss, hielt ich schüchtern Umschau nach der versteckten Kamera.

Es gäbe, fuhr sie fort, hier ein ausgezeichnetes Civet de sanglier, ein Wildschweingericht, das sie sich bestellt habe – ob ich mich anschließen wolle.

Na und ob ich das wolle, erwiderte ich. Sie sei wohl eine professionelle Rennfahrerin, die hier trainiere?

Um Gottes willen, rief sie lachend, wie ich denn darauf käme?

Nun, ich wolle mich bei meinen Blutwerten und meinem Körperfettanteil nicht über den grünen Klee loben, aber wie sie mir vorhin davongefahren sei …

Nein, sagte sie neuerlich lachend, sie sei lediglich am Fuße der Pyrenäen aufgewachsen, und sie fahre jeden Sommer viele hundert Kilometer in den Bergen, schon von klein auf an, das sei alles. Noch heute, wo sie in Paris lebe, fahre sie hier regelmäßig, meistens allein, um mal abzuschalten – »oder wie sagt ihr in Deutschland: die Seele baumeln lassen?«

Aber wo habe sie so gut Deutsch gelernt?

Sie habe in Deutschland studiert, sagte sie. In Heidelberg.

Und was?

Philosophie und Musikwissenschaften.

Und nun treibe sie Philosophie in Paris?

Sie promoviere über die Jugendkompositionen Richard Wagners, sagte sie –, aber hier im Süden habe sie ihre gesamte Verwandtschaft, in Perpignan und in der Nähe von Montpellier, alles Weinbauern, sie komme aus einer Winzerfamilie, und ihre Schwester habe übrigens gerade einen Bauernhof in den Cevennen gekauft, wo sie sehr schmackhaften Schinken herstelle.

»Wir könnten uns ja morgen oder besser übermorgen in Montpellier treffen und zusammen ausgehen«, schlug ich in wonnetrunkener Spontaneität vor.

»Könnten wir, ja«, sagte sie und schenkte mir einen halb einladenden, halb vernichtenden Blick aus ihren Wahnsinnsaugen. »Wir könnten miteinander ausgehen. Aber erst musst du mich einholen!« – –

Lieber Leser, diese Geschichte ist natürlich frei erfunden. Eine die Pyrenäen durchquerende Rennradfahrerin mit definierten Brüsten, das ist bereits sehr unwahrscheinlich, aber spätestens beim Philosophie-Studium in Heidelberg hätten Sie stutzig werden müssen. Und erst die Weinbauern-Verwandtschaft! Irgendein Weltgesetz gebietet, dass Vollendung nirgends sei. Aber zum einen hat meine Lektorin gesagt, mein Manuskript sei zu kurz und ich müsse noch etwas Text anstricken, zum anderen wird man doch wohl noch ein wenig träumen dürfen …

Exkurs: Potenzialität versus Fanatismus oder: Ullrich oder Armstrong?

Kam der Sport treibende Mensch in dieser Darstellung bislang trotz allem vergleichsweise gut weg, so ist nun zu fragen, wie es sich mit jener Millionenschar verhält, die anderen bei ihren Leibesübungen zusieht. Auch das geschieht bekanntlich unter dem Einsatz von Lebenszeit und bei einem Teil des Publikums zudem angesichts der eigenen Verwahrlosung. Ich habe zum Beispiel Leute mit mehr als 20 Prozent Körperfettanteil sagen hören, Jan Ullrich sei eine Flasche. Als Faustregel gilt: Das Sportpublikum ist bestürzend bis gattungszweifelnährend dumm, man selbst jeweils ausgenommen.

Wenn es denn wenigstens beim bloßen Zuschauen und womöglich kennerischen Kommentieren, also beim reinen Ästhetizismus bliebe! Aber bei eminent vielen Sportkonsumenten (und leider in gewissen Graden auch bei mir) findet eine Übersprungshandlung statt, eine Projektion samt Identifikation, kurz: Sie werden Fans. Sie frohlocken über die Erfolge und ärgern sich beziehungsweise trauern über die Niederlagen vollkommen fremder Menschen, die, wenn man schon mal einen davon kennen lernt, oft nichts als das schiere Grausen wecken. Klar, es sind halt Sportler, hoch spezialisierte Körper, rund um die Uhr und ums Jahr und ums Dasein mit nix anderem als der Optimierung derselben beschäftigt (Ullrich mal ausgenommen), völlig vereinseitigte Geschöpfe, weit entfernt vom klassischen Ideal des allseits gebildeten Menschen, im Grunde Überbefähigungskrüppel, Hochleistungsmonster. Aber das Monströse fasziniert den Menschen nun einmal.

Als Radsportanhänger ist man zumindest in diesem Belang auf der sicheren Seite: Monströseres als eine Bergankunft der Profis hat die Sportwelt nicht zu bieten. Vom Fußballgucken habe ich mich komplikationslos entwöhnt, aber eine Bergankunft der Tour de France zu verpassen, bereitet mir Entzugserscheinungen. Kein Fußball-Champions-League-Finale hat jemals einen vergleichbaren Effekt bei mir ausgelöst wie beispielsweise Ullrichs Attacke 1998 am Col de Madeleine, der einzig Marco Pantani folgen konnte. (Hier Fußball ins Spiel zu bringen, ist ohnehin Quatsch, weil die Balltreterei damit verglichen kein Sport ist.) Ich bin nicht so närrisch, dass ich selber hinfahre und mich brüllend an die Strecke stelle, der Fernseher muss reichen, wenngleich ich weiß, wie wenig er gerade für diesen Zweck taugt, wie sehr er verfremdet, verniedlicht geradezu; ein Blick von Angelina Jolie etwa kommt via Mattscheibe allenfalls zu ungefähr 53,4 Prozent rüber, ein Antritt von Lance Armstrong höchstens zu 45 Prozent. Vielleicht werde ich's ja mal schwer bereuen, den Ami nie live gesehen zu haben. Beziehungsweise die beiden Amis.

So weit, so gut – drei oder vier Bergankünfte jährlich im Fernsehen, das krempelt niemandes Leben um, auch wenn eine davon regelmäßig am Geburtstag meines Sohnes stattfindet, der immerhin zunehmend bereit ist, ein paar Minuten des benedeiten Tages für dieses merkwürdige Spektakel abzuknapsen. Aber ich deutete an, dass ein darüber hinausgehender, quasi-identifikatorischer Trieb, ein Fanatismus en miniature mich beutelt(e). Er hatte seinen Höhepunkt übrigens 2001 erreicht und klingt seither gottlob ab. Sein Gegenstand? Sie wissen's ja längst. Natürlich nicht Angelina, sondern Jan.

Armstrongs Antritte nach Lourdes-Hautacam und auf dem

Mont Ventoux anno 2000 oder ein Jahr darauf am Fuße von L'Alpe d'Huez, um nur die spektakulärsten zu nennen, empfand ich, offenbar ganz im Gegensatz zu Ullrich selber, als persönliche Kränkungen; einer musste es ja auf sich nehmen (Luz Ardiden anno 2003 war übrigens nicht so schlimm, weil Armstrong endlich einmal sichtbar litt und auch die Etappen vorher nahezu mitleiderregend gelitten hatte). 2001 litt also ich, bis zur Schlafstörung, Armstrong stampfte durch meine Träume, und wenn ich morgens aufwachte, war mein erster Gedanke: Er hat ihn wieder abgehängt.

Rechne ich die Aufmerksamkeit zusammen, die ich diesen beiden Zweirad-Heroen gewidmet habe, kommen damit verglichen nicht nur Achill und Hektor, sondern auch einige Dichter, Philosophen und sogar Frauen schlecht weg. Ullrich und Armstrong haben mehr Platz in meinem Kopf, als mir lieb ist (was auch zu tun hat mit jenem *Es denkt* von Seite 43). Einerseits wäre ich sie gern los, andererseits habe ich darauf hingewiesen, welche enorme Rolle die Rennen der Profis innerhalb der freizeitaktiven Radszene spielen. Sie bezieht einen Großteil ihrer Energie daraus. Die Profis zeigen, *was möglich ist.*

Und was die erwähnten Herren betrifft – vom wohl intelligenteren, wenngleich nicht eben sympathischeren der beiden habe ich sogar reuelos zwei Bücher gelesen, und ich lese sonst nie Sportbücher –, so waren sie nun mal nicht nur die überragenden Radrennfahrer des vergangenen Jahrzehnts, sondern der eine vermutlich der Beste aller (bisherigen) Zeiten, der andere vielleicht das größte Talent, das (bisher) jemals in den Sattel gestiegen ist. Zugleich sind respektive waren sie vom Naturell dermaßen verschieden, dass die Favorisierung des einen oder anderen geradezu bekennerischen Charakter aufweist.

Es ist übrigens schwierig, hier eine angemessene Zeitform zu wählen, da Armstrong ja 2005 seine triumphale Karriere mit freundlicher Beihilfe Ullrichs bestürzend unbesiegt beendet hat, während der Deutsche sein Phlegma auf Übermenschenniveau noch ein paar Jährchen zur Schau stellen will. Da Armstrong aber der König war und ist und lange bleiben wird, soll ihm Genüge getan sein, und ich schreibe über die beiden in der Vergangenheitsform. Was wäre schließlich auch ein Ullrich-Toursieg ohne Armstrong wert? Geisterhaft steht der Ami fürs Erste weiter oben auf dem Treppchen. 2006 werden nur zweite Plätze vergeben.

Bis zur Tour 2004 hatte ich übrigens geglaubt, dass letztlich doch Ullrich der Stärkere sei, wogegen alles und speziell die erwähnten Armstrong'schen Antritte sprachen. Seither bin ich bloß noch der Ansicht, dass Ullrich der theoretisch Stärkere ist. Niemand bezweifelt, dass der Texaner im Laufe der vergangenen Jahre alles aus sich herausgeholt hat – aber Ullrich? Der hat doch selber zugegeben, dass er nie am Limit gewesen sei (aufs Jahr gerechnet, nicht auf einzelne Etappen). Ullrichs Nimbus ist letztlich der Nachhall seines 1997er Toursiegs; er gewann damals die Frankreich-Rundfahrt dermaßen souverän wie nicht einmal Armstrong jemals, weil nämlich vollkommen unintendiert, sozusagen von sich selbst überrascht; dieser 23-jährige Stoiker siegte mit über neun Minuten Vorsprung und, von seinem leichten Schwächeln in den Vogesen abgesehen, einer derartigen Unerregtheit, dass sich der Zuschauer fragte, ob er während dieser Tour überhaupt irgendwann seinen Maximalpuls erreicht habe. Ich erinnere insbesondere an die neunte Etappe, als er Virenque und Pantani ohne jede erkennbare Mühe, aber mit offensichtlich schlechtem Gewissen folgte und sich dauernd nach seinem Kapitän Bjarne Rijs umsah, wo der wohl bleibe. Dieses Nolens-volens-Mitfahren, aber Eigentlich-auf-Bjarne-Warten, das war so ziemlich das Souveränste auf dem Rad, was ich je gesehen habe. Als Virenque und Pantani im Ziel spurteten, ging er nicht mal aus dem Sattel und verlor trotzdem keinen Meter. Jeder hat gesehen, dass er die beiden in Grund und Boden hätte fahren können, wenn er nur gewollt hätte. Ein »Hätte« gab es bei Armstrong übrigens nie. Die darauf folgende Etappe nach Arcalis-Andorra wollte Ullrich vermutlich gar nicht gewinnen, sondern es ist ihm – frei nach Karl Kraus – *bloß gelungen*. Er hat ja nicht wirklich attackiert; es kam halt keiner mehr hinterher, als er in den Berg hineinfuhr. Überhaupt scheint Gewinnen nicht so sehr Ullrichs Sache zu sein, dafür ist er zu nett, zu unfanatisch, zu phlegmatisch; er weiß, dass er nur sitzen und treten muss, damit sich im Laufe einer Rundfahrt schlussendlich alles schon irgendwie zu seinen Gunsten regelt. Wäre Armstrong nicht aufgetaucht, hätte er die Tour de France womöglich ebenso oft gewonnen wie der Ami. Und zwar, das wäre ein Novum in ihrer Geschichte gewesen, als jemand, der meinte, sich ihr nicht mit Haut und Haaren verschreiben zu müssen. Letztlich hat Lance Armstrong nichts weiter getan, als die Ehre des härtesten Radrennens der Welt gegen die Hybris eines Riesentalents zu retten.

Damit wäre der wichtigste Unterschied zwischen den beiden Athleten benannt: Armstrong kam jedes Jahr optimal vorbereitet nach Frankreich, mit einem leichten Hänger 2003, bei Ullrich stimmte seit 1997 immer irgendetwas nicht. 1998 hatte er Übergewicht und einen Hungerast auf der Etappe nach Les Deux Alpes, der ihn acht Minuten auf Pantani und damit den Toursieg kostete, 1999 Übergewicht und eine Knieverletzung (im Herbst gewann er die Vuelta). 2000 fiel seine übliche Frühjahrserkältung noch heftiger aus und gesellte sich zum üblichen Übergewicht; dass er mit einer vier- oder fünfwöchigen Vorbereitung überhaupt antrat, war erstaunlich, dass er Zweiter wurde, ein Wunder. Über 2001 wird – naturgemäß auch von Armstrong – das Märchen verbreitet, Ullrich sei optimal austrainiert zur Tour de France angetreten, aber ich erinnere an das Rennen »Rund um Köln« vom April jenes Jahres, wo sich mindestens zehn Kilo zu viel »Ulle« rotgesichtig und schnaufend an einer neuerlich staunenden Öffentlichkeit vorbeimoppelten. 2002 war er wegen Drogenmissbrauchs gesperrt, 2003 hatte er eine viel zu kurze Vorbereitung, gemessen an der langen Pause, wobei er einige Axiome der Trainingswissenschaft ad absurdum führte, denn er fuhr trotzdem so leicht und locker wie seit 1997 nicht mehr, und er hätte die Tour wahrscheinlich gewonnen, wenn er sich nicht vor der ersten Alpenetappe an irgendwelchen vergammelten Eiweißpräparaten den Magen verdorben und so viel Zeit verloren hätte, dass er nie näher als 15 Sekunden an Armstrong herankam. 2004 folgte das übliche Theater: Absagen von Rennen in der Vorbereitung wegen Krankheit und Trainingsrückstand, dann eine Erkältung in den Pyrenäen, die Armstrong frühzeitig einen soliden Vorsprung verschaffte. 2005 flog er vor dem Prolog ins Heckfenster seines Begleitfahrzeuges und stürzte auf einer der ersten Etappen, so dass er mit geprelltem Brustkorb, also atmungsbehindert, ins Gebirge musste.

Ich weiß nicht, woran es liegt, aber Armstrong ist während seiner sieben gewonnenen Touren lediglich ein Mal und folgenlos beziehungsweise eher zu seinen Gunsten gestürzt – ich meine 2003 auf dem Anstieg nach Luz-Ardiden –, Ullrich in derselben Zeit drei Mal spektakulär und zwei Mal mit Folgen – neben der besagten Brustkorbprellung noch beim Regenzeitfahren in Nantes 2003. Armstrong hat sich nie den

Magen verdorben, und er hatte nie Übergewicht. Sein einziger Hungerast – 2000 am Joux-Plane – kostete ihn keine zwei Minuten und keinen Toursieg (Pantani hätte ihn Ullrich 1998 wegen seiner klaren Unterlegenheit im Zeitfahren sonst nie wegschnappen können). Armstrong hat nie solche taktischen Fehler begangen wie Ullrich etwa 2003, als er auf der letzten Pyrenäen-Etappe schon am Anstieg zum Tourmalet angriff; er hat sich genau genommen nie einen taktischen Fehler geleistet. Armstrong hat auch nie Sekunden verschenkt wie Ullrich, der meist schon beim Prolog damit anfing und jedes Jahr aufs Neue erklärte, das spiele keine Rolle, die Tour werde später entschieden und so weiter. Armstrongs Truppe hat das Mannschaftszeitfahren immer gegen Ullrichs Team gewonnen, das heißt, der Amerikaner lag stets vor dem Deutschen, wenn es ins Gebirge ging, und immer war es Ullrich, der attackieren musste, er schleppte Armstrong regelmäßig wie ein Edelhelfer, bis der antrat und davonschwirrte; insofern besaß Armstrongs ironisches Angebot, er möge in seine Mannschaft kommen und für ihn fahren, durchaus einen rationalen Kern.

Es war schon ein merkwürdiger Zweikampf all die Jahre. Exemplarischere Antipoden als die beiden kann man sich jedenfalls kaum wünschen. Beide wuchsen ohne Vater auf und stammten aus bescheidenen Verhältnissen, aber damit hätten sich die Gemeinsamkeiten. Während sich der Texaner als Sportsolist (anfangs als Triathlet) durchschlug, bekam der Ostdeutsche auf der Kinder- und Jugendsportschule kollektivistischen Schliff. Armstrong wollte der Chef sein, Ullrich im Grunde bloß der Mannschaft dienen. 1996 startete Ullrich erstmals bei der Tour de France und wurde, als Helfer des späteren Siegers Bjarne Rijs, mit 1:41 Minuten Rückstand sensationell Zweiter; etwas weniger »Wir« im Kopf, und er hätte damals schon gewonnen. Das Radsportmagazin L'Equipe kürte den 22-Jährigen zum »vielleicht selbstlosesten Mannschaftskollegen in der Geschichte der Tour« – ein auf Armstrong allzeit unanwendbares Attribut.

1997 feierte die Prominenz den ersten deutschen Tour-Sieger als Halbgott. Ullrich sei stärker als er früher, erklärte der Fünffach-Sieger Miguel Indurain. Eddy Merckx, ein anderer Fünffach-Sieger, prophezeite, der Deutsche werde die Tour noch öfter gewinnen als er. Wer sollte ihn auch schlagen? Der dafür in Frage kam, wusste es selber noch nicht, denn er rang gerade mit dem Tode. Als Ullrich seinen größten Triumph einfuhr, wurde bei Armstrong Hodenkrebs im fortgeschrittenen Stadium mit Metastasen in Lunge und Gehirn diagnostiziert. Bei seinen vorherigen Tourteilnahmen hatte der Amerikaner keine Rolle gespielt, er war keineswegs »der kommende Mann im Radsport«, wie auf dem Cover seines ersten Buches ›Tour des Lebens‹ später suggeriert wurde; nur einmal, 1995, beendete er die Rundfahrt überhaupt (auf Platz 36), im Jahr darauf, als Ullrich der beste aller Helfer war, brach er sie nach fünf Etappen ab.

Doch während Armstrong wie durchs Feuer gegangen ins Leben zurückkehrte, während er mit derselben Energie und Verbissenheit, mit welcher er seine Krankheit niederrang, daranging, wieder Radrennen zu absolvieren – und ein völlig anderer, dünnerer, extrem körperfettarmer, in seiner Willensstärke kaum mehr diesseitiger Fahrer wurde –, begannen sich die mentalen Probleme des Jan Ullrich zu offenbaren. Der hatte nämlich nicht die rechte Lust, wie er sagte, »365 Tage im Jahr nur an Sport zu denken«. Die gute badische Küche, besonders das Naschwerk und der Wein, interessierte ihn ebenfalls – was man einem Menschen mit seinem Kalorienverbrauch ja nicht verdenken kann. Er wolle, ließ das Großtalent einmal verlauten, »mehr sein als nur Radfahrer«. Und so kam es jahrein, jahraus zu dem staunenswerten Schauspiel, dass nach jeder Winterpause ein zuweilen schon grotesk übergewichtiger Jan Ullrich ins Blickfeld der Öffentlichkeit trat. Dass der Schlemmer ausgerechnet wegen eines Hungerastes die 98er Tour verlor, war schon wieder komisch – ungefähr so symbolhaft-komisch wie sein Führerscheinverlust vier Jahre später, als er angetrunken mit seinem Porsche ausgerechnet einen Fahrradständer umfuhr.

1999 – Ullrich pausierte verletzungsbedingt – erschien ein vom Krebs genesener Wundermann in Frankreich und gewann in skurrilem Stakkato-Fahrstil die Tour. Damals fehlte neben Ullrich auch Marco Pantani, der Champion des Vorjahres, wegen einer Verletzung, und man nahm den Ami mit seinem Propellertritt nicht für voll. Im Jahr 2000 legte Armstrong nach und distanzierte nunmehr die gesamte Weltelite. Allerdings: Mit der Ullrich-Vorbereitung hätte er die Tour wohl nicht gewonnen.

Damals erklärte Ullrich selbstkritisch, »für einen guten Platz« werde es »wahrscheinlich immer reichen«, aber um Armstrong zu schlagen, müsse er professioneller werden. Ullrich war imstande, sich binnen kürzester Zeit vom schnaufenden Dickerchen in einen Weltspitzenfahrer zu verwandeln, was die staunenswerten Fähigkeiten seines Premiumkörpers zeigte, andrerseits beklagte er sich, dass er oft krank sei und dafür nun wirklich nichts könne, ohne einmal darüber nachzudenken, ob diese Anfälligkeit etwas mit seinen rasanten Abmagerungskuren und Formaufbau-Eskapaden zu tun haben könnte. Armstrong war nie krank. Der Amerikaner brachte eine im Duell mit dem Krebs erworbene einzigartige *Zweite Gesundheit* – durchaus im Sinne Nietzsches – mit. Nie wäre der texanische Ehrgeizling auf die Idee gekommen, wie Ullrich seine Popularität in Form von Banketten zu genießen und sich blind auf die Regenerationskraft seines Körpers zu verlassen. Sein Körper, das hatte ihn der Krebs gelehrt, war ein Kredit mit begrenzter Laufzeit, während Ullrich den seinen eher als ein sicheres Erbe betrachtete.

Die Verantwortlichen vom Team Telekom installierten ein regelrechtes Überwachungssystem, um den Appetit ihres Stars zu kontrollieren – vergebens. Starttermine mussten abgesagt, Trainingspläne geändert werden. Der Witz dabei: Ullrich schien es nicht weiter zu bekümmern. Der junge Mann strahlte einen unglaublichen Gleichmut aus, er war ja das größte, das unerschöpfliche Talent. Er konnte, was keiner konnte: mit einem Hängebäuchlein Wattzahlen treten, bei denen anderen schwindlig wurde, und in wenigen Wochen Weltklasseform aufbauen. Inwieweit mecklenburgische Herkunft plus badisches Umfeld zu Ullrichs an Realitätsverweigerung grenzender Sturheit beitrugen, sei hier als folkloristisches Diskussionsthema in den Raum gestellt. Jedenfalls war das deutsche TV-Publikum von Armstrongs finalen Antritten mehr deprimiert als sein Kontrahent; diese Ignoranz-Leistung war vielleicht Ullrichs allerbeachtlichste. Seiner Niederlagenhinnahmebereitschaft wohnte etwas Großartiges und zugleich Stumpfsinniges inne. Erinnern wir uns an L'Alpe d'Huez 2001, als Armstrong sich vor seinem finalen Antritt umdrehte, Ullrich in die Augen sah, als wolle er ihn vor dem Todesstoß noch verhöhnen, und dann den Deutschen mit seinem Blitzantritt abhängte. Jeder andere Fahrer hätte tags darauf den Zweikampf eingestellt und gedacht: Du kannst mich mal, ich werde mich nicht weiter von dir vorführen lassen. Nicht so Ullrich: Der stürzte sich stets von Neuem in das zumindest 2001 für ihn nicht zu gewinnende Duell.

Früher oder später hat Armstrong indes auch Ullrichs

Panzer zerbrochen, wie er das Ego jedes seiner möglichen Konkurrenten zerstörte und sie allesamt zu Statisten erniedrigte. Mit einer unangeknacksten Psyche hätte Ullrich seinem Gegner 2003 in den Pyrenäen gewiss den Fangschuss gegeben; 2004 und 2005 hat der Deutsche nicht mehr ernsthaft attackiert.

Dem Phlegma Ullrichs entsprachen die dicken Gänge, die er, wenn er in Form war, unvergleichlich elegant fuhr, der Cholerik Armstrongs das Gekurbel seiner kleinen Übersetzungen. Armstrong fuhr aus dem gesamten Körper, keiner stand so in den Pedalen wie er, er agierte wie ein einziger zusammenhängender Muskel, wenn er aus dem Sattel ging und die Berge hinaufjagte, als sei sein Herz eine Nähmaschine. Ullrich dagegen fährt im Grunde nur aus den Oberschenkeln und aus der Gesäßpartie, er steht fast nie – 1997 tat er's noch –, tritt mit unglaublichen Kräften, und dementsprechend sehen seine Schenkel aus: wie die eines Titanen, wie der Wunschtraum eines Bodybuilders. Allerdings ist Ullrichs Stil jederzeit verkrampfungsgefährdet, wenn es nicht läuft; dann wirkt er nicht mehr elegant, sondern überfordert, wie einer, der es mit Gewalt zwingen will, aber einen zu großen Gang dafür aufgelegt hat. Gebetsmühlenartig wiederholt er seit 2000 in Interviews den Satz »Meine Stärke ist die Kraft«, Jahr für Jahr präsentierte er immer dickere Schenkel – Armstrongs Beine sahen daneben fast filigran aus –, Jahr für Jahr ließ er sich in den Bergen abhängen, weil er mit seinem Großgang-Sitzstil nicht so beschleunigen kann, und Jahr für Jahr erzählen uns die hiesigen TV-Kommentatoren, dass dem Jan die Rhythmuswechsel eben nicht so lägen und er jetzt nichts anderes tun könne, als *seinen Stil* und *sein Tempo* zu fahren. Alles Unfug. Er hätte seinen Stil modifizieren können. Nicht komplett ändern, bloß modifizieren. Armstrong an seiner Stelle hätte es getan. Ich weiß nicht, ob Ullrich 1997 und 2003 kleinere Gänge trat oder bloß unverkrampfter gewesen ist, jedenfalls fuhr er mit schnellerer Trittfrequenz und wurde nicht distanziert. Aber der Sturkopf siegte, Ullrich schlug genau die entgegengesetzte Richtung ein und ging lieber in den Kraftraum. Das Ergebnis ist bekannt. Er hat sich in der Sackgasse seines Stils verrannt.

Armstrong war nicht nur der beste Radfahrer, sondern auch der durchgeknallteste Trainierer aller (bisherigen) Zeiten*.

»An einem legendären Novembertag außerhalb der Saison fuhr ich geschlagene viereinhalb Stunden durch einen der schlimmsten Gewitterstürme in Austin seit Beginn der Wetteraufzeichnungen. Ein Niederschlag von 18 Zentimetern, Überflutungen, und überall waren die Straßen gesperrt. Ich liebte es«, beschreibt er es selbst. Sehr schön auch der Telefondialog mit dem britischen Radrennfahrer David Millar, der eben ein paar Drinks genommen hatte und seinen Freund Lance anrief:

Millar: »Bitte, sag mir nicht, dass du auf dem Rad sitzt.«

Armstrong: »Ich sitze auf meinem Rad.«

Millar: »Nein! Du Bastard! Wir haben den gottverdammten 1. Dezember! Wie lange sitzt du schon im Sattel?«

Armstrong: »Seit dreieinhalb Stunden.«

Während Armstrong, der Asket, jeden Tag und also auch bei Schneeregen aufs Rad stieg, sagte Ullrich, der Genießer, seinem Betreuer Rudi Pevenage schon mal am Telefon, er fahre jetzt los und legte sich wieder ins Bett. Armstrong fuhr

* *Wenn Sie mich fragen, war er sogar der größte Sportler aller mir bekannten Zeiten, trotz Muhammad Ali, trotz Alexander Karelin, wobei ich im Voralpenland hin und wieder einen einbeinigen älteren Herren auf dem Rennrad getroffen habe, der mir am Ende fast noch mehr imponierte als der Texaner.*

die Touretappen im Frühjahr ab, Bergankunfts- und Zeitfahrparcours mehrere Male, bis er die Strecke in- und auswendig kannte, Ullrich genügte, wenn überhaupt, eine einmalige Visite, notfalls auch ein Video wie vor dem Zeitfahren in Nantes 2003, als er keine Lust hatte, wie Armstrong im Regen herumzukurven, und gerade aufstand, als die US-Postal-Mannschaft ins Hotel zurückkam – und dann beim Rennen stürzte. Armstrong kümmerte sich auch noch um das letzte technische Detail (»Im Prinzip ist die Tour de France ein mathematisches Problem«) und klingelte seine Betreuer schon mal nachts aus dem Bett, wenn seine durchschnittlichen Trainingspulswerte um einen Schlag höher als normal lagen, Ullrich ließ die Dinge laufen. Während der Amerikaner im Frühling die ersten Rennen gewann, brach Ullrich im Frühling die ersten Rennen ab. Ullrich hasste Regenwetter und fuhr lieber, wenn es heiß war, Armstrong war das Wetter einerlei. Armstrongs gesamtes Team hatte dem Boss zu gehorchen und sich bis zum letzten Quäntchen Kraft für ihn aufzuopfern, Ullrich duldete Nebengötter wie den Sprinter Erik Zabel in seiner Crew, der ihn Berghelfer kostete und ein schlechter Mannschaftszeitfahrer war, und er war 2004 sofort bereit, für den vor ihm platzierten Andreas Klöden zu fahren.

Ähnlich disparat die öffentlichen Äußerungen der beiden. Ullrich sprach gern und oft von den extremen Schmerzen, die insbesondere eine Bergankunft bereitet, für Armstrong war der Berg nichts anderes als eine Chance, die anderen abzuhängen. Von Armstrong stammt der Ausspruch: »Siegen ist nicht alles, Siegen ist das Einzige«; erstaunte Beobachter hörten dagegen Ullrich schon im Jahr 2000 zum ersten Mal äußern, er sei mit dem zweiten Platz insgesamt zufrieden. »Ich weiß nicht, was das soll«, kommentierte Eddy Merckx.

Ullrich sagte einmal über eine Etappe, in dieser Gegend interessierten ihn eher die Weine, Armstrong hatte damals vermutlich keine Ahnung, was das ist: Wein.

Zu diesem Bild passen auch Physiognomie und Mimik der Kontrahenten: Armstrongs stählernes, leidensloses, allzeit kampfbereites, wie gemeißeltes Antlitz, frei von Emotionen, mit kalten Augen, und dagegen die eher weichen, runderen, freundlich-harmlosen, keinem Gegner Böses verheißenden Züge Ullrichs, dem man gern Erlösung von jenen Qualen wünschte, die in Armstrongs Miene gar nicht erst zu entdecken waren – der sensible Schönwetterfahrer und das stampfende Stahlross.

Der Texaner hat mehrfach von sich gesagt, er sei besonders gut, wenn er Wut im Bauch habe, Ullrich ist viel zu phlegmatisch für solche Gefühle. Armstrong besaß einen Killerinstinkt, seine Aggressivität konnte es mit der von Mike Tyson aufnehmen, Ullrich ist auch während des Rennens immer nett. Armstrong besaß die Fähigkeit, aus Niederlagen Kraft zu ziehen, wobei für ihn jeder Nicht-Sieg eine Niederlage war. Man darf sich ausmalen, was in ihm vorging, als er anno 2000 bei den Olympischen Spielen zwei Mal von Ullrich distanziert wurde, der Olympiasieger im Straßenrennen und Olympiazweiter im Einzelzeitfahren wurde (Armstrong 13. und 3.). Dass Armstrong 2001 so gut war wie niemals wieder – auch wenn die jeder Langzeiterinnerung bare Sportjournaille den 2004er Armstrong als den Besten überhaupt feierte –, lag vor allem an der von ihm so empfundenen Schmach von Sydney.

Nach der Tour 2003, als Ullrich seinen Rivalen bei drei Etappen hinter sich lassen konnte und in der Gesamtwertung näher an ihn herankam als jemals zuvor, sagte er, dies sei wie ein Sieg für ihn gewesen. Bei Armstrong dagegen schellten die Alarmglocken. Im Jahr darauf nahm er Ullrich, der diesmal nur Vierter wurde, mehr als neun Minuten ab. Kommentar Armstrong: »Die Frage ist: Was machst du an Weihnachten? Ich fahre Rad. Was tust du am 1. Januar? Ich fahre Rad. Wenn du aber sechs Wochen vor der Tour zehn Kilo Übergewicht hast, schaffst du es nie.«

Armstrongs zweites Buch trägt den Titel ›Every Second Counts‹ (›Jede Sekunde zählt‹). Exakt nach diesem Motto hatte er sich auf jede Tour, aber besonders auf die 2004 vorbereitet. Auf einmal sah man den Favoriten bei den Massenankünften der Flachetappen mitspurten, zwar aussichtslos gegen die Sprintspezialisten, aber den Klassementfahrern plötzlich im Sprint deutlich überlegen. Offenbar hatte Armstrong genau das im Winter verstärkt trainiert, denn sein Zittersieg im Jahr zuvor hatte ihn gelehrt, dass er vermutlich nie wieder allein auf einem Berg ankommen würde, und er kam seitdem tatsächlich nie wieder allein oben an. Also trainierte er für die Bonifikationssekunden, die den ersten drei Fahrern im Ziel gutgeschrieben werden, und gewann drei Bergetappen im Schlusssprint. Ullrich wäre nie auf den Gedanken gekommen; erstens sowieso nicht und zweitens weil ein Stilist nicht sprintet, das ist unter seiner Würde.

Seinen 61-sekündigen Rückstand auf Armstrong beim Zeitfahren in Besançon 2004 erläuterte Ullrich mathematisch korrekt, aber trotzdem fast dadaistisch mit den Worten: »Eine Minute ist gar nicht viel, wenn man überlegt: etwa eine Sekunde pro Kilometer.« Den Tour-Prolog 2000 – zwölf Sekunden Rückstand auf Armstrong – kommentierte er: »Ich hatte mit mindestens 20 Sekunden gerechnet.« Nach der Demütigung durch Armstrong in L'Alpe d'Huez 2001: »Man muss es positiv sehen, ich bin fast zwei Minuten näher an ihm dran als voriges Jahr.« Nach dem Einzelzeitfahren bei den Olympischen Spielen 2004, als nun wirklich jeder von seinem Sieg ausging (Armstrong war nicht am Start): »Platz sieben ist wenigstens einstellig.« Und so fort.

Es ist eben letztlich eine Sache der Einstellung. Armstrong hat selbst oft genug betont, dass er ohne seine Krebserkrankung nie die Tour de France gewonnen hätte. Ullrich hatte auch eine Art Lebenskrise, nur die war ein Witz dagegen; sie bestand aus einer Knieverletzung, einem harmlosen Autounfall infolge von Frustsaufen und einer Sperre wegen ein paar Ecstasy-Pillen. »Ich weiß nicht, ob Jan noch Radfahrer ist«, stöhnte sein genervter Teammanager Walter Godefroot im Krisensommer 2002 in die Mikrofone. Dem einen drückte Merdingen die Daumen, dem anderen die Krebskranken im Medical Center der Indiana University in Indianapolis – das heißt: Armstrong fuhr auch spirituell in einer anderen Liga. Von ihm stammt der Satz: »Ich bin eine spirituelle Persönlichkeit, der das dazu notwendige Vokabular fehlt.« Es gab im Hospital ein kleines Mädchen namens Kelly Davison, mit der Armstrong gemeinsam die Chemo durchstand. »Ich wurde gesund, sie nicht.« Kurz vor Beginn der Tour 2000, berichtet Armstrong, habe er sie aus Europa angerufen und sich erkundigt: »Kann ich etwas für dich tun?«

»Ja, fahr für mich in Gelb«, habe sie geantwortet.

Kelly starb im August 2000.

Lance Armstrong ist der erfolgreichste Radrennfahrer aller Zeiten. Dass auch er seine Grenzen hatte, beweist die Tatsache, dass er sich immer nur auf diesen einen Jahreshöhepunkt konzentrierte und sonst nicht viel abräumte. Aber trotz der letztendlich eindeutigen Überlegenheit des Texaners beharren manche Radsportkenner darauf, dass eigentlich »Ulle« der Bessere gewesen sei, zumindest der Begabtere. Zweiradästheten werden nicht müde, den perfekten Ullrich-

Stil zu preisen, womit verglichen Armstrongs hochfrequentes Zeitfahrgezappel eher grotesk wirkte – interessanterweise hat noch niemand diesen Stil kopiert. Ullrich-Anhänger pochen darauf, dass der Deutsche eben nie in Bestform gegen seinen Rivalen antrat. Bernard Hinault, fünfmaliger Tourgewinner, erklärte während der Jubiläumstour 2003: »Es gibt keinen Besseren, wenn er wirklich austrainiert ist.« Armstrong selber nannte Ullrich den »von der körperlichen Anlage her wohl beste(n) Radrennfahrer der Welt«. Die – müßige – Frage müsste letztlich lauten, was der Armstrong-Kopf mit dem Ullrich-Körper angestellt haben würde.

Einige werden aus der Schule noch Goethes Vers kennen:

»Alles gaben Götter, die unendlichen,
Ihren Lieblingen ganz,
Alle Freuden, die unendlichen,
Alle Schmerzen, die unendlichen, ganz.«

Was, fragte ich mich nach der 2004er Tour, könnte Armstrong, der damals den Fünfer-Rekord gebrochen und damit mehr erreicht hatte als alle seine Vorgänger, noch fehlen? Na klar doch, Ullrich beim Zeitfahren zu überholen. Die letzte, die größtmögliche Demütigung des Rivalen, sie wurde ihm am Ende zuteil; Ullrich hatte dergleichen 1997 selber an Richard Virenque praktiziert.

Spätestens seit 2004 schwang in einigen Äußerungen Armstrongs eine leichte Geringschätzung Ullrichs mit; das kolportierte Wort von den »Clowns, die man meine Konkurrenten nennt und die nur im Juli Rennen fahren können«, bezog sich wohl vorrangig auf ihn. Es gibt gewiss auch Perspektiven, von denen aus betrachtet Armstrong als Clown erscheint, aber erstens stehen die in diesem Kapitel nicht zur Debatte, und zweitens gilt das für jeden Vertreter der Gattung Homo sapiens. Der Amerikaner nimmt Ullrich nicht mehr für voll, weil er nicht wirklich alles gegeben, seine unglaublichen Fähigkeiten vergeudet und Niederlagen wie Lappalien hingenommen hat. Weil er nichts von der existenziellen Erschütterung weiß, die Armstrong erlitten hat. Letztlich ist dieser Mann in seiner Eigenschaft als Mister Hundertzwanzigprozent nur von seiner Krankheit her zu verstehen, und zwar nicht nur in dem inzwischen trivialen Sinne, dass sie ihn zu dem Champion gemacht hat, der sieben Mal die Tour de France gewann, sondern in jenem, dass sie ihn nie loslassen, ihm immer im Nacken sitzen wird. »Ich denke, ich werde irgendwann an Krebs sterben«, lautet ein Kernsatz seines ersten Buches ›Tour des Lebens‹, und der korrespondiert mit Armstrongs permanenter Beteuerung, dass er zwar ohne den Krebs nie etwas gewonnen hätte, dass aber nicht Gewinnen sein Thema sei, sondern die Angst vorm Verlieren. Diese Worte beschreiben weniger sein Verhältnis zur Konkurrenz als vielmehr jenes zu seiner Krankheit. Man kann den Krebs nicht wirklich besiegen, aber man darf um keinen Preis gegen ihn verlieren, denn »verlieren ist wie Sterben«. Dass sie tödlich sein kann, ist das Furchterregende an der Niederlage, und wenn es überhaupt möglich ist, dass eine Niederlage zum Tode führt, dann darf man nicht verlieren, niemals ...

Nach eigener Auskunft hatte Armstrong mit seinem Krebs gesprochen und ihm gedroht: »Du hast dir den Falschen ausgesucht«, und ich vermute, dass er vor ihrem ersten Zweikampf anno 2000 innerlich mit Jan Ullrich genauso geredet hat. Armstrong hatte Angst vor dem Krebs, und er hatte Angst vor Ullrich (er selber hat das Wort auf einer Pressekonferenz anno 2000 verwendet). Theoretisch war der Krebs stärker, aber Armstrong hatte ihn besiegt. Theoretisch war vielleicht auch Ullrich stärker, aber er ist in der Chemotherapie unausgesetzter Armstrong'scher Attacken allmählich bis zur Harmlosigkeit verbrannt …

Allerdings sollte nunmehr und auch zugunsten des realen Jan Ullrich die Frage wiederholt werden: Was soll der Unsinn? Armstrong hat mit dem Radsport und der Selbstvermarktung enorm viel, Ullrich sehr viel Geld verdient. Keiner von beiden wird materiell je darben müssen. Am Ende seiner Karriere wird Ullrich ungefähr denken: Endlich ist dieser Stress vorbei, und ich kann richtig zu leben beginnen. Gut möglich, dass es für ihn in Sachen Körperumfang bald zum entscheidenden Duell mit der Tourlegende Eddy Merckx kommt (wobei der zuletzt dermaßen abgenommen hat, dass ich diese Bemerkung nur noch als Pointe, nicht mehr als Realitätsbeschreibung stehen lassen kann). Armstrong dagegen wird nach dem Karriereende vermutlich eine ungeheure Leere verspüren und mit seinem Dasein zumindest zeitweise nicht mehr viel anzufangen wissen. Er muss erst einmal resozialisiert werden. Armstrong ist ein Sieg-Junkie auf Entzug.

Zu Ullrichs Gunsten (sofern überhaupt nötig) muss angemerkt werden, dass er nie von sich behauptet hat, der Stärkste zu sein, und ihm Auskünfte der Art, er wolle im nächsten Jahr die Frankreichrundfahrt gewinnen, von Journalisten mehr oder weniger abgerungen werden mussten. »Vielleicht können wir mal von dem Thema wegkommen, dass ich das größte Talent bin«, kommentierte er seinen vierten Platz anno 2004. Vielleicht war er ja wirklich all die Jahre mit sich zufrieden.

Man darf allerdings Ullrich nicht das letzte Wort überlassen, wenn es um Ullrich geht. Armstrong musste zum Extremisten werden, um der Beste zu sein, dem Deutschen genügte sein Talent für den zweiten Platz. Das leichte Grausen, das einen packt, wenn man Extremisten zusieht, hat die Auftritte des Texaners stets begleitet. Mit dem Fanatismus eines Selbstmordattentäters strampelte er die Berge hinauf, nicht nur während der Rennen, sondern anscheinend täglich.

Wer sein Talent nicht vergeudet, hat keins. Diesem von mir nun doch noch eingestreuten *zweiten Merksatz* entgegen steht das Diktum des Schriftstellers Peter Rühmkorf: »Wer sich nicht ruiniert, wird nichts.« Ich schwanke zwischen beiden Paradoxa, wie ich zwischen Ullrich und Armstrong schwanke.

Ullrich ist ein Held der Potenzialität. Er ist der Jahrhunderttalent-Verschleuderer (bzw. Jahrhundert-Talentverschleuderer). Während Armstrong tatsächlich der Stärkste war, war Ullrich potenziell stärker. Potenziell ist er der Allergrößte gewesen. Die entscheidenden Leute wissen es. Armstrong zum Beispiel schien es immer zu wissen. Die Frühform des Deutschen hat ihn viele Jahre lang vermutlich mehr interessiert als die Abendform seiner jeweiligen Partnerin. Der reale Sieger ist immer kleiner als das Riesentalent. Er hat seine Mittel ausgereizt, während dem Talent noch unglaubliche Reserven zur Verfügung stehen. Wozu es aber Herrn und Frau Jedermann auf die Nase binden, dass man eigentlich der Beste ist? Wozu sich die schönsten Jahre des Lebens Tag für Tag ohne Pause quälen, wenn doch alles klar ist? Wozu auf alle Genüsse verzichten, wenn auch so genügend Geld auf dem Konto ist und genügend Pokale im Regal stehen?

Prost, Jan!

Nachtrag zur ersten Auflage: Als dieser Text in den Druck ging, ahnte ich naturgemäß noch nichts von Ullrichs mehr als mutmaßlichem Eigenblutdoping anno 2006. Dennoch meine ich nichts korrigieren zu müssen, da es nach meiner Überzeugung den völlig sauberen Profifahrer nicht gibt und nicht geben kann (siehe S. 19) und die Abstände unter ihnen also irgendwie korrekt sind. Interessanterweise hat sich ja noch nie ein Fahrer beschwert, von den überführten Dopern betrogen worden zu sein.

Letzte offene Fragen

Am Ende dieser Betrachtung bleiben, wenn ich nichts übersehen habe, drei Fragen übrig.

Erstens: Wie verhält es sich mit dem schmerzenden Sitzfleisch?

So: Nach ein paar tausend Kilometern bilden sich überraschenderweise Muskeln am Beckenboden – beziehungsweise sie sind schon da und nur mit den Anforderungen gewachsen –, auf denen sich ganz passabel, wenn auch nicht wirklich komfortabel sitzen lässt. Den Rest erledigt Vaseline. Die ist allerdings wichtig; ein Sandkörnchen kann sonst verheerende Wirkungen haben. Es ist wie das Abkleben der Brustwarzen beim Laufen: Nach der ersten bis aufs Blut abgescheuerten Stelle hat man's kapiert. Im Übrigen habe ich mit der Bestellung von einem Kilo Vaseline einer Apothekerin die indiskrete Frage entlockt, was ich mit dieser Menge denn anfangen wolle. Ich fand ihre spontane Neugier anrührend und antwortete in introvertierter Unbefangenheit, ich bräuchte das Zeug *für den Hintern.* Nachdem ich in ihrer Miene die Missverständlichkeit meiner Auskunft gespiegelt sah, präzisierte ich dahingehend, dass ich keineswegs ein Homosexuellen-Bordell betreibe, sondern bloß Radfahrer sei. Ich hatte nicht den Eindruck, sie mit dieser Auskunft wirklich zufriedengestellt zu haben.

Zweitens: Die Beinrasur – nass oder trocken?

Was mich betrifft: inzwischen nur noch trocken (danke für den Tipp, Mister Armstrong, von selber wäre ich seltsamerweise nicht darauf gekommen). In der Enthaarungs-Frühphase rasierte ich mich noch nass, und entsprechend zersäbelt sahen meine Beine aus. Einzig bei einer gegenseitigen Rasur vermag die Nassversion beachtlichen Reiz zu entfalten.

Drittens – und nun folgt die angekündigte Beantwortung dieser längst gestellten Grundsatzfrage: Ist es nicht anmaßend oder gar lächerlich, etwas als Passion zu bezeichnen, das andere so unendlich viel härter betreiben und besser können?

Also: Nein. Weil: Der geldwerte Wettkampf ist ein kurzes Intermezzo und Jugendprivileg. Mit zunehmendem Alter – und das bedeutet: die meiste Zeit – fährt jeder nur mehr gegen sich selbst. Das heißt nicht nur: jeder, wie er kann, sondern auch: jeder gegen einen gleich starken Gegner. Objektiv mag es extreme Leistungsunterschiede geben, subjektiv schrumpfen sie einzig auf den Grad der Ernsthaftigkeit, mit der dieser Zweikampf mit sich selbst betrieben wird.

Auch der größte Freak hört irgendwann auf, die extremen Steigungen zu fahren oder sich mit jedem Überholer zu duellieren. Gelegentlich wird diese der Einbuße an Kraft geschuldete allmähliche Kapitulation mit der Begründung kaschiert, man sei halt vernünftiger geworden, was aber ihrer Fatalität nichts nimmt. In Wirklichkeit kommt der Fuchs nicht mehr an die Trauben und formuliert sich die passende Philosophie des allmählichen Traubenverzichts als Schutzwall gegen die Zumutungen des Älterwerdens. Ich habe auch keine Idee, wie man sich dieser Schweinerei der Natur anders stellen sollte – außer man malt sich permanent aus, wie schrecklich es wäre, ewig jung und blöd bleiben zu müssen.

Zugleich ist es immer wieder schön und zugleich tröstlich, wenn man eine Horde fröhlicher älterer Herren auf der Straße sieht, bäuchig die meisten, aber mit ordentlich Schmackes in den Beinen und vor allem nicht mehr jenem Rigorismus im Gesicht, der ihre Beschäftigung zur Tortur erhebt beziehungsweise niederdrückt. Die späte Passion ist zwar eine reduzierte, aber immerhin eine noch vorhandene.

Jedenfalls erkennt auch der Trainierteste einmal, dass es nicht mehr um notorisch expandierende Ziele gehen kann, sondern dass sich die Kreise vielmehr wieder zu engen beginnen. Die Leistungskurve hat ihre größte Amplitude für immer hinter sich gelassen. Etwas Neues beginnt, ein Rückzug, ein Davonlaufen, in gewissem Sinne auch eine Umkehr dahin, von wo aus man vor Jahren aufgebrochen ist, um sein Limit zu erkunden. Das kann sich hinziehen, ein paar Agile brauchen erstaunlich lange, bis ihr Lebensenergiequantum aufgebraucht ist. Möglicherweise lädt man die Batterien, aufs ganze Leben gerechnet, durch Sport besser auf, möglicherweise vernutzt man sie schneller, wer weiß das schon? (Ich tippe mittlerweile eher auf Variante zwei.) Aber zur Neige gehen sie mit fataler Gewissheit, und zwar permanent.

»Als geworfenes In-der-Welt-Sein ist das Dasein je schon seinem Tode überantwortet«, notierte Martin Heidegger (›Sein und Zeit‹, S. 259). »Seiend zu seinem Tode, stirbt es faktisch und zwar ständig, solange es nicht zu seinem Ableben gekommen ist.« Capito? Sogar ein Lance Armstrong war 2001 hinauf nach L'Alpe d'Huez sterbend unterwegs, 190er Puls und 20 Stundenkilometer bei über zehn Prozent Steigung und dennoch nichts als Sein-zum-Tode, unentrinnbar, wenngleich muskulär gut kaschiert, seines Ablebens nicht eingedenk, aber gewiss. Zwei Minuten hinter ihm starb Ullrich unter vergleichbaren Prämissen vor sich hin. Beide glaubten, sie lieferten sich ein Wettrennen, aber das war nur vordergründig so. Auch ich bin dort und anderswo sterbend unterwegs gewesen, lächerlich weit entfernt von den virilen Veitstänzen jener venerablen Vitalitätsgranaten, jedoch objektiv mit demselben kosmischen Problem beladen, zu welchem sich bei der äußersten Anstrengung und dem gleichzeitigen Gewahrwerden der äußersten Kraftlosigkeit ein besonders inniger Bezug herstellt, wie ihn nicht einmal der Vollrausch hinkriegt; allenfalls hohes Fieber schafft so etwas. »Immer wenn du einen Augenblick vollkommener Lebendigkeit erlebst, wirst du plötzlich auch den Tod sehen«, sprach der indische Mystiker Osho.

Die Olympier schauen mit spöttischem Lächeln auf jeden dieser strampelnden Sterblichen an serpentinendurchzogenen Gebirgsflanken nieder. Eine mühsam erkämpfte Bergankunft ist für sie das Sinnbild des Lebens jener Gattung, die auf dem Olymp nicht heimisch sein darf. Und doch beneiden sie uns um die großen, sinnlosen Leidenschaften, zu denen für sie kein Weg führt, weil nur der Sterbliche die Sehnsucht nach der im gelungenen Augenblick geronnenen Ewigkeit kennt.

Am Ende harrt Freund Hein, der große Egalisierer und Anti-Meritokrat, der weder Gewinner noch Rekorde kennt, sondern nur Termine. Da er auf jeden wartet, ist die Aussage zutiefst trivial. Nicht trivial indes ist die Frage, bei welcher Gelegenheit man mit ihm zusammentrifft.

Ohne die Möglichkeit eines üppigen finalen Gelages oder auch Beilagers gering zu schätzen, hieße meine Lieblingsoption derzeit immer noch: auf dem Rad.